私の歩んだ道

保育所保育とともに56年

待井和江

ミネルヴァ書房

著者近影

はじめに

それは、二〇〇〇（平成一二）年「大阪府立大学名誉教授の秋の集い」の夜だった。私はその年の五月に、金婚式を過ぎるまで苦楽を共にした夫と幽明境を異にして、すっかり落ち込んでいた。その日も誘いの声をかけて下さったのは、野澤正子教授だった。これまで、仕事のこと、研究のことなどで話し込むことはあっても、ゆっくりとお互いの生活や思いを語り合うことはほとんどなかった。

叙勲の祝賀会で

野澤氏は、私が過ぎてきたこれまでを、公的にも私的にも知りたいと言われる。それは戦後の保育所保育の証でもあり、一人の大正生まれの女の生き方を通してこれからを考えることにもなると思うので、私の話をテープにとってまとめては……、と提案された。視点は違うが、夫が生前「君の書いたり、話したりするものは、表舞台のできごとだが、一度裏舞台に触れてみるのも面白いのではないか」と言っていたことが思い出された。その時はそんなことをしたら、関連する人たちのプライバシーに及ぶからだめだ」と思っていたが、野澤氏の提案に心が揺らいだ。行動的にすぐれた野澤氏はさっそく次のような案を示されたが、考えてみれば大変な課題である。

一、各時代の保育の特徴―女性労働・保護者の姿・保育者の姿・子どもの姿・世間の意識
二、保育内容・方法の創造―乳児保育／障害児保育／同和保育
三、保育者の研修―保育者の主体的な保育内容創造運動とその実際・国の研修
四、保育者養成―保育者養成の変遷と論争点
五、保育所の役割・保育実践―時代の変化と保育所の役割
六、それぞれの時代に保育所が果たしてきた総合的役割・機能について
七、待井和江先生ご自身のこと
　生い立ち／幼少の頃の思い出／少女期・思春期・青年期の思い出／結婚と育児／職業生活と家庭生活の両立／大阪社会事業短期大学の思い出／大阪府立大学への移行期の問題／女性の生き方について／想い出の人々

自分のことはともかく、保育所保育の検証に関するともなれば、それこそ話し合いは不可欠である。呼びかけは行わず、わが家を訪れる大阪社会事業短期大学の卒業生を中心に、現在保育士養成に関わっているメンバーの自主参加で進めることにしたが、メンバーは「幼保一元化」「次世代育成支援」「総合施設構想」などの今直面する保育の変革に強い関心をもち、「日本保育学会研究大会」において自主シンポジウムでの問題提起、話題提供

を先行することになった。平成一六、一七、一八年度の「自主シンポジウム」の発題内容の主体は、保育制度の現実、保育実践の実態に関するものであり、多分に検証的立場に立つものと言える。

本書は第Ⅰ部　年代別保育所保育の歩み、第Ⅱ部　保育図書の刊行を通して、第Ⅲ部　研修記録のなかから、第Ⅳ部　私の生い立ち、第Ⅴ部　「われら大正生まれ」――忘れ得ぬ人たち、の五部構成である。第Ⅰ部は本書において重要な意味をもつと位置付け、語る会の話し合いもここに焦点があてられた。その結果、全ページのおよそ二分の一を占めることになった。

保育所は時代的、社会的状況や変動をストレートに受け、即時対応が迫られる性格をもっている。「十年ひと昔」という古い言葉がある。もちろん簡単に一線を画すことはできないが、確かにおよそ十年を周期として保育行政には変容があり、特色がみられる。したがって第Ⅰ部はその流れに沿って、時代別区分を設定した。

さらに各期ごとの内容は、まず主な制度、施策と社会の動向を客観的に明らかにすることに力を注いだ。ついで、それを背景に私のたどった歩みを記している。そのことは、本書の性格をあいまいなものにしているとも言える。一方で客観性を追求しながら、極めて個人的な立場（実体験）を振り返っているからである。しかし、私のなかでは両者は切り離し得ない強い関連性をもっているのである。また、野澤氏は多くの項目を課題別に示されたが、私はその大部分を時代別区分のなかに包合していることも、論点を散在させることになり、本書に学術的な考察を期待される場合、もの足りないであろうことを危惧している。

最後に補録として保育士養成に関する座談会（話し合い）を載せたのは、語り合う中で、ここまで語りたい、語る必要があり、今後に生かすことが大切だというメンバーの思いのあらわれである。

多分、今年（二〇〇八〈平成二〇年〉）満九十歳を迎えることになると思う。もう少し力があればと思い続けてきたが、次世代の保育関係者の健闘を祈っている。この本書が何かの刺激になれば、この上ない幸せである。

平成二〇年一月吉日

待井和江

発刊によせて

野澤正子

私が、待井和江先生のお名前を知ったのは、大学院を出て初めて保育士養成の短期大学に就職した頃である。また、そのお姿に直接触れたのは、昭和四〇年代初め、厚生省（当時）の保育士養成校を集めた会議の会場においてであった。先生は、私の右斜め前数列先の席に座っておられた。大柄で、色白でいらして、そこだけがなぜかきらきらと輝いていた。そのとき、まだお会いしたこともないのに、この方が待井先生だと直感したことを覚えている。その後、私も大阪社会事業短期大学で教鞭をとることになり、直接ご指導を受けることになった。その頃、今でもそうであるのだが、お声が美しく、人の心を包み込むような独特の語り口がなんともいえず、若々しくて人間的な魅力にあふれておられたお姿が、今も生き生きと浮かんでくる。

大阪社会事業短期大学での待井先生のご活躍は、大学運営においても存分に発揮され、図書館長や学生課長など、とくに学生紛争時代の、鮮やかな名指揮ぶり、名指導ぶりについての話題は尽きない。また、短大から大阪府立大学社会福祉学部への昇格時、保育課程存続に向けた先生の全生涯をかけるほどのご努力は忘れてはならないであろう。そして、こと保育に関しては、故岡村重夫・大阪社会事業短期大学学長をもって「情熱女史」(1)と言わしめたほど楽しげにすさまじく、全国を駆け巡り、各地の保育士たちと共に大きな壁を突き破り、新しいものを創りだす喜びと勢いに満ちておられた。研究者の多くが、研究は大学の研究室のなかで行うという時代であっ

大阪社会事業短大定年退職の頃

た。待井先生は、それまでの研究スタイルを大きく超えて、現場の保育士に働きかけ、保育士たちが持っている技術や蓄積してきた経験を意識化させ、それを従来の理論と付き合わせ、認識させ、整理させていく。それは保育士たちとの協働なしには実現しなかったであろう。その作業が、待井先生の研究・実践スタイルであり、また保育士を育て、現場を生き生きと躍動させていくものとなったのである。それは新しい保育と保育学の構築のみならず新しい時代を創造していく作業であった。

大阪府立社会事業短期大学を定年退職なさった後も、待井先生の保育に対する関心や情熱は消えることなく持ち続けられていく。最近に至るも、ご講演等でのお話は、内容もシャープで華やかさに満ち、どこか大輪の花を感じさせる。待井先生の抜群の魅力は衰えることがなく現在にも続いているのである。

待井先生が歩んでこられた道は、戦後保育の発展の道とともにあった。この道で先生の直面された個々の出来事やご体験は、たとえそれが個人レベルのものであったにしても個別性を超えて保育の歴史の重要な一側面を構成するものである。

私たちは、先生の歩いてこられた道のすべてを受け継ぎ、次の世代に伝えていく必要があるのではないか。そう考えて、「待井先生と保育を語る会」（以下「語る会」）を発足させたのである。二〇〇三（平成一五）年のことであった。

待井先生が、まず、「保育の原点」と題して語ってくださったのは、戦後の保育は、貧困への対応が出発となったということであった。保育の原点は、子どもの命を守り育てることであり、当時の衛生状況と貧困のなかで命を支える食をどうつなぎ保障していくかに追われる保育であったというお話をうかがった。保育がまさに福祉であることを改めて学ぶ機会となった。

「語る会」は、その後、「次世代育成支援」や「認定こども園」の動きの台頭に関心が移っていった。「認定こども園」への動きには、何かしら異質なものが感じられ、同時に従来の保育にはない新しい要素の導入もあり、その動向に無関心ではいられなかったからである。「語る会」の研究成果は、日本保育学会の自主シンポジウムで三年にわたって報告してきた。社会変化の大きな波が家庭の教育機能を呑み込んでいく時代背景にあって、「認定こども園」が法制化され、その設置状況も今後増加が見込まれている。また、保育所保育指針の改定が進み、「認定こども園」や新教育基本法を視野に入れた新しい保育所保育指針の告示化、大綱化が実現した。

保育所機能は、今後とも時代の状況に照らして、変化していくことが予想される。しかし、子どもの育ちに必要とされる条件は、本質的に変わらないのではなかろうか。

これまでの待井先生が情熱こめて保育士とともに築いてこられたもの、そして保育士もまた、子どもや保護者とともに、創り出し築いてきたものは、これからも受け継がれていかねばならないであろう。

待井先生の、本書『私の歩んだ道』は、「語る会」で、ご自分が語られた内容について改めて稿を起こし、まとめられたものである。これまであまりお聞きしたことのないご両親を含むご家族のこと、子ども時代のこと、忘れ得ない人々との出会いについても記されている。それらは歩んでこられた道を支えた基底部分であり、女性として、研究者として、また汗にまみれる実践者としての歩みを豊かに照らし出すものとなっている。

注

（1）岡村重夫のこの言葉は、『待井和江先生古希記念論文集・障害児保育論』（同論文編集委員会編　全国社会福祉協議会一九八八（昭和六三）年）の巻頭言「古希を祝う」においてである。待井先生について岡村重夫は次のように述べている。

「縁あって大阪社会事業短大に赴任して初めて待井先生に面談の機会を得て、まず驚いたのは、保育事業にかける先生の情熱である。『ポストの数ほど保育所を』という掛声にみられるような、わが国における保育所の急速な発展の陰には、なるほどこのような情熱女史がおられたのかと初めて思い知らされた。今でも機会を得て、保育現場を見学するたびに、感じることは、園長や主任保母さんたちの一種の熱気である。正直言って、この熱気のような情熱は、他の社会福祉施設では、感じられないものである。これは待井先生において感じた情熱と共通するものなのかどうか、筆者には未だ解ききれない問題である」。

私の歩んだ道　目次

第Ⅱ部　保育図書の刊行を通して

第Ⅲ部　研修記録のなかから

第Ｖ部　「われら大正生まれ」——忘れ得ぬ人たち

第Ⅰ部　年代別保育所保育の歩み

第一期　昭和二〇年代（一九四七〜一九五四）草創期の保育所

——託児所から保育所へ——

一　主な制度・施策・社会の動向

一九四七（昭和二二）年三月三一日	教育基本法・学校教育法公布。「幼稚園は幼児を保育し、適当な環境を与えて、その心身の発達を助長することを目的とする」学校として位置付けられる。
一九四七（昭和二二）年一二月一二日	児童福祉法公布。保育所は戦前の「託児所」が「保育所」と改称され、児童福祉施設として初めて公的な位置付けを得る。有資格の保母が保育所認可の必須条件となる。

一九四八（昭和二三）年三月	「保育要領（幼児教育の手引き）——楽しい幼児の経験——」文部省刊行。保育所・家庭もこれに基づくとされる。
一九四八（昭和二三）年一二月	保母養成が制度化され、専門職化をめざす。厚生省告示五十八号に規定された保母養成所は数カ所に過ぎず、応急的に保母試験の実施が必要であった。需要と供給のアンバランスを調整するため、一九五三年無資格保母の存在（最低基準に規定する数の三分の一まで）を容認する。
一九四八（昭和二三）年一二月	児童福祉施設最低基準施行。
一九四九（昭和二四）年三月	第一回保母試験実施。
一九四九（昭和二四）年五月	保育施設給食実施要綱施行。
一九五一（昭和二六）年五月	児童憲章制定。
一九五一（昭和二六）年六月	児童福祉法改正。三十九条の規定に「保育に欠ける」の字句を挿入。保育所設置は市町村の義務となるが、措置費予算不足のため、全国各地で保育所の閉鎖、廃止が生じる。

(1) 児童福祉法の制定

一九四六（昭和二一）年一二月、戦後初めて開かれた中央社会事業委員会に対し、厚生大臣から現下の状勢に鑑み、「児童保護事業の強化徹底に関して」諮問が出された。これに対し一九四七（昭和二二）年一月「不幸な浮浪児の保護の徹底をはかり、すすんで次代のわが国の命運をその双肩にになう児童の福祉を積極的に助長するためには、児童福祉法とも称すべき児童福祉の基本法を制定することが喫緊の要務である」と委員会は答申した。これにより同年三月に設置された厚生省児童局は、従来の児童保護から児童福祉への転換をはかる法案を作成し、新憲法施行後、第一回国会に提出した。そして審議改訂され、一九四七（昭和二二）年一一月二一日、児童福祉法は国会を通過し、同年一二月一二日に公布された。原案訂正の重点は、政府原案が限られた児童を対象としていたのを、すべての児童を対象としたことであった。

児童福祉法は「児童福祉の理念」について、

第一条　すべて国民は、児童が心身ともに健やかに生まれ、且つ育成されるよう努めなければならない。

②　すべて児童は、ひとしくその生活を保障され、愛護されなければならない。

第二条　国及び地方公共団体は、児童の保護者とともに、児童を心身ともに健やかに育成する責任を負う。

第三条　前二条に規定するところは、児童の福祉を保障するための原理であり、この原理は、すべて児童に関する法令の施行にあたって、常に尊重されなければならない。

としている。これは「日本国憲法」の第十四条「法の下の平等」、第二十五条「健康で、文化的な最低限度の生活を営む権利」（生存権）を児童に関して具体的に示したものである。かつ、この児童の基本的権利を守らなければ

児童憲章（昭和26年5月5日）

われらは，日本国憲法の精神にしたがい，児童に対する正しい観念を確立し，すべての児童の幸福をはかるために，この憲章を定める。

児童は人として尊ばれる
児童は，社会の一員として重んぜられる
児童は，よい環境の中で育てられる

ばならない責任の主体を、「児童の保護者」と「国及び地方公共団体」であることを宣言したすぐれた権利法である。

しかし、当時の福祉行政の現実は、およそ十二万人と推定される戦災孤児と引揚げ孤児、百八十万人とも言われる戦争未亡人や生活困窮者の救済に追われる厳しさのなかにあり、国民の多くは、生きるだけで精一杯であり、児童福祉の理念を国民すべてのものにすることはできなかった。この危機的状況を克服するためには、国民の理解と意識の高揚が必要であるとして、一九五一（昭和二六）年、大人の道義的責任を強調する児童憲章を制定し、児童問題に対する正しい観念の確立が図られたが、今にいたるもなお児童の人権問題は十分に認識されているとはいえない。

（2）保育所の位置付け

一九四五（昭和二〇）年、太平洋戦争の終結とともにわが国は連合軍総司令部（G・H・Q）の指導のもとに、民主主義国家の建設をめざして、多くの部門で改革を推進していった。一九四七（昭和二二）年三月、米国教育使節団の勧告に基づいてわが国の教育の理念を明確化する「教育基本法」を制定し、学校教育を組織化したが、その中で幼稚園は、満三歳から就学までの教育機関として正式に位置付けられた。しかも、すでに幼稚園は一九二六（大正一五）年公布の単独法規「幼稚園令」

によって公的位置付けを得ていたのである。

これに対し、社会事業界は戦前「託児所令」の制定を要望しつづけてきたが、託児所は社会的存在でありながら、法定根拠を得ることができなかった。わずかに社会事業法（一九三八〈昭和一三〉年制定）において、「乳児院、託児所、其ノ他児童保護ノ為ノ事業」として、助成監督することが示されているのみであった。

ようやく児童福祉法が制定され、戦前の託児所は「保育所」と改称され児童福祉施設として初めて公的な位置付けを得たのである。しかし、戦後の混乱、急を要する救済に追われ、保育所を求める親たちの切実な声には、なかなか応じることができず、保育事業は苦難のなかにあった。

この頃の記録によれば、戦時下保育に挺身した保育者たちが、何とかしなくてはという熱意で、戦後の廃墟のなか、使える建物を探しては保育を始め、青空保育に取り組むなど、保育所の再開にこぎつけ、保育所づくりに立ち上がっている。今ここに「保育を必要とする子どもたち」がいる限り、受けて立とうとする献身的な姿勢こそが保育所保育の原動力であり、厳しい時代を乗り切るエネルギーであった。私が保育所に関わったのは、一九五二（昭和二七）年であったが、当時の保育所の役割を端的にあらわしているのは、日雇い労働者の託児所と職安施設の保育活動であった。子どもを連れてきて、仕事があればその日の昼食代だけを渡し、託児所へ預け、仕事がなければ連れて帰るのである。保育所保育の原点は貧困問題にあった。

法令化された保育所は、設置を市町村の義務とし、施設設置の補助を規定し、普及をはかったこと、また施設の設備、運営に関する最低基準を省令として公布、設備費の補助、設置費の負担補助、とくに保育所入所後に要する費用ついては、十分の八が国庫、十分の一が都道府県、残り十分の一を市町村負担とし、保護者負担による費用徴収の規定をもって法的な予算の裏付けをしたことなどは、保育行政の進展を約束し、正に黎明を予感させたが、当時の経済状態では基準の決定に容易ならない困難があった。

賀川豊彦氏は、「施設がよくなっても、その数が少なくなることは、子どもの不幸せである。施設の不完全による子どもの不幸せは、優秀な保母によって幸せにすることができる」と基準の引き下げを主張している。児童福祉施設最低基準は「厚生大臣は、中央児童福祉審議会の意向を聞き、最低基準を常に向上させるように努めるものとする」という規定を設け、保育所の量的不足を補うことを優先する決定となったのである。

（3）保母養成の制度化

保母養成の制度化は一九四八（昭和二三）年である。一九四五（昭和二〇）年以前は、幼稚園保姆を主体とする養成が行われていた。その歴史は古く、一八七五（明治八）年、東京女子師範学校附属幼稚園保姆練習科の設置がその初めである。しかし、保姆の資格が法的に定められたのは、一九二六（大正一五）年である。それまでは「小学校本科正教員又ハ准教員」という資格で保姆になる例が多かったが、「保姆ハ幼児ノ保育ヲ挙ル、保姆ハ女子ニシテ保姆免許状ヲ有スル者タルベシ」と幼稚園令に規定している。一方、託児所に関しては何の規定もなく、大正後期に出現した公立の託児所では、これまで幼稚園保姆であった者がなることが多かったが、現実には託児所保母は女子なら誰でも就職できたのである。

ところが児童福祉法の制定によって、保育所保母になるためには、高等学校卒業を資格取得の条件とする「保母資格取得証明書」をもたなければならないことが定められたのは、実に画期的であると言えよう。すなわち専門職への始動である。

厚生省は、一九四八（昭和二三）年以降保育所に勤務するすべての保母を有資格化する命題をもつことになったが、厚生省告示第二十七号に規定された保母養成所は、名古屋市立保育専門学院、大阪府立保母学院等、数カ所にすぎないという段階では応急的に保母試験制度が必要であり、資格取得の状況は一九五四（昭和二九）年度においても保母資格取得者八千八百五十九人のうち保母試験による取得者七千六百十七人（八六・〇％）であり、保母試験に全面依存の感があった。しかもなお、需要と供給のアンバランスを調整し得ず、一九五三（昭和二八）年に「児童福祉最低基準に定める保育所の保母の特例に関する省令」が出され、専門的訓練を受けない無資格保母の存在を容認する措置がとられた。無資格保母については、「その数は最低基準五十三条に規定する数の三分の一をこえることはできない」とし、保母に代わる女子について採用要件や期間を定めるなど制限を設け、臨時的性格を打ち出しているが、保母の専門職化に逆行することは否めない。ようやく一九七九（昭和五四）年に、この省令が廃止されるまで、約四分の一世紀にわたって存続したのであった。ここでも質の充実より、量の保障を優先せざるを得なかった事情がくみとれる。

児童福祉法制定当初「保育所は、日々保護者の委託を受けて、その乳児又は幼児を保育することを目的とする施設とする」（第三十九条）とあったが、一九五一（昭和二六）年に「保育所は、日々保護者の委託を受けて、保育に欠ける乳児又は幼児を保育することを目的とする施設とする」と改正された（傍点筆者）。その理由は、「児童福祉十年の歩み（厚生省児童局編、一九五九〈昭和三四〉年）」によれば、保育所の性格を明確にして、すでに学校教育法によって学校教育の施設の一つとして位置付けられている幼稚園との混交をきたさないためであった」

としているが、歴史的事実であった幼稚園と保育所の差別的二元制を容認するかたちを固定化することになり名実ともに未解決の問題として、今なお論議を呼んでいる。

しかし、戦前の社会事業法で弱者、低所得階層の保護者を救済する施設であり、経済社会の負担として位置付けられていた託児所に対し、児童福祉法による保育所は子ども主体の保育施設であり、さらには、母親の労働を保障する機能をもつ施設であるとしたことは、保育所の独自性の明確化であり、大きく質的転換を促したのである。

以上、昭和二〇年代は、新生日本の保育制度の基本構想の確立をめざして始動し、多くの画期的方向が提示されたが、一方では困難な戦後処理の社会状勢下にあり、その実現には「時」が必要であった。しかし、そうした法制定がなされたことが、その後の保育所の歩みを支える底力となったと言える。

(4)「保育要領」の刊行

戦後の保育制度の改正によって、それまで「幼稚園令」という独立の勅令によって位置付けられ、運営されていた幼稚園は、学校教育系列の出発点となった。小学校以上の学校においては「学習指導要領」に準拠して教育が実施されているが、これと同じ目的をもつものとして幼稚園保育指導書「保育要領」が作成された。対象は就学前の幼児である。また、幼稚園は義務教育ではない。したがって小学校以上の学習指導要領とは構成も内容も大きく異なっている。一つは戦前の恩物主義に基づく幼稚園教育のあり方に対する反発、反省もあったが、いま一つはアメリカのＣＩＥの初等教育担当官ヘファナンの指導が大きく影響したと言える。ヘファナンの思想は

「アメリカの宝」とも言われるデューイの自由主義・経験主義である。保育要領はヘファナンの手で作成された章の枠組みによって構成されたが、日本側も「幼児教育内容調査委員会」を設け、倉橋惣三を事実上の委員長、委員に山下俊朗、内藤寿七郎、功刀嘉子、副島ハマ等が委嘱され、文部省によって「保育要領――幼児教育の手引き――」という副題をもった指導書として刊行された。「保育要領」は直接的には幼稚園の指導書として作られたものであるが、保育所にも家庭にも通じるものとしていること、また保育内容には「楽しい幼児の経験」という副題がついていることが評価される。幼児を「楽しく自由に」遊ばせて、その成長を見守るという、今日では保育の基本原理とされている子どもを主体とする保育理念が打ち出されている。「楽しい幼児の経験」としては、①見学、②リズム、③休息、④自由遊び、⑤音楽、⑥お話、⑦絵画、⑧製作、⑨自然観察、⑩ごっこ遊び・劇遊び・人形芝居、⑪健康保育、⑫年中行事が挙げられている。

長く暗い戦争の間、子どもたちに「欲しがりません、勝つまでは」と耐乏生活を強い、幼児疎開まで行わざるを得なかったのであるから、子どもたちが生み出す楽しい活動を主体とする「保育要領」に保育界は両手を上げて賛同したのである。「保育要領」は八年にわたって幼児保育を、本来あるべき姿へ導く重要な手引き書であった。

（5）「保育施設給食実施要綱」の施行

戦後の混乱・貧困と食糧難で子どもに食を与えることは容易ではなく、ララ物資やユニセフ粉乳、ガリオアなどの援助はあっても、到底、子どもたちの必要を満たすことはできず、一般家庭も保育施設も苦難のただ中にいた。そうした状況にあって「保育施設給食実施要綱」の施行は注目すべき施策と言える。しかし給食費の支辨が低く、人手不足もあり、到底、全面実施は困難であるとして隔日実施にとどまる保育所や実施を見送り「べんとう」持参の園もあったが、この場合、ご飯に梅干一箇、味噌をぬるだけといった状況もあり、給食は切実な課題であった。逐年給食費の増額要求をつづけ、創意工夫により、その充実をはかるなどして、次第に給食は保育所保育における重要な保育内容となっていった。

二　若き日のカルチャーショック

(1) 乳嫌いの赤ちゃん

入院患者の中に〝乳嫌いの赤ちゃん〟がいた。哺乳瓶を見たら泣く。乳首を口に近づけると、頭を左右に動かして激しい拒否を示す。白いエプロンを着ける母親を見てさえ泣く姿はただごとではない。担当医に尋ねると、乳（それはミルクであるが）をどうしても受け付けない。乳首が唇にふれると反射的に吸うが、すぐにゲボッと吐くのだという。

大阪市立大学小児科高井俊夫教授によれば、原因は「濃厚乳」と「強制授乳」にあるという。母乳は極めて薄い。二つのシャーレのそれぞれに母乳と牛乳を入れて空気中に放置すると、牛乳はムラムラとした塊《カード》と透明な液に分離するが、母乳は一見変化が見られない。しかし熱すると塊と液に分離する。この状態は両者ともに胃のなかの乳汁の状況である。牛乳を素材とするミルクは蛋白質の分子が大きくハードカードになって沈殿するが、

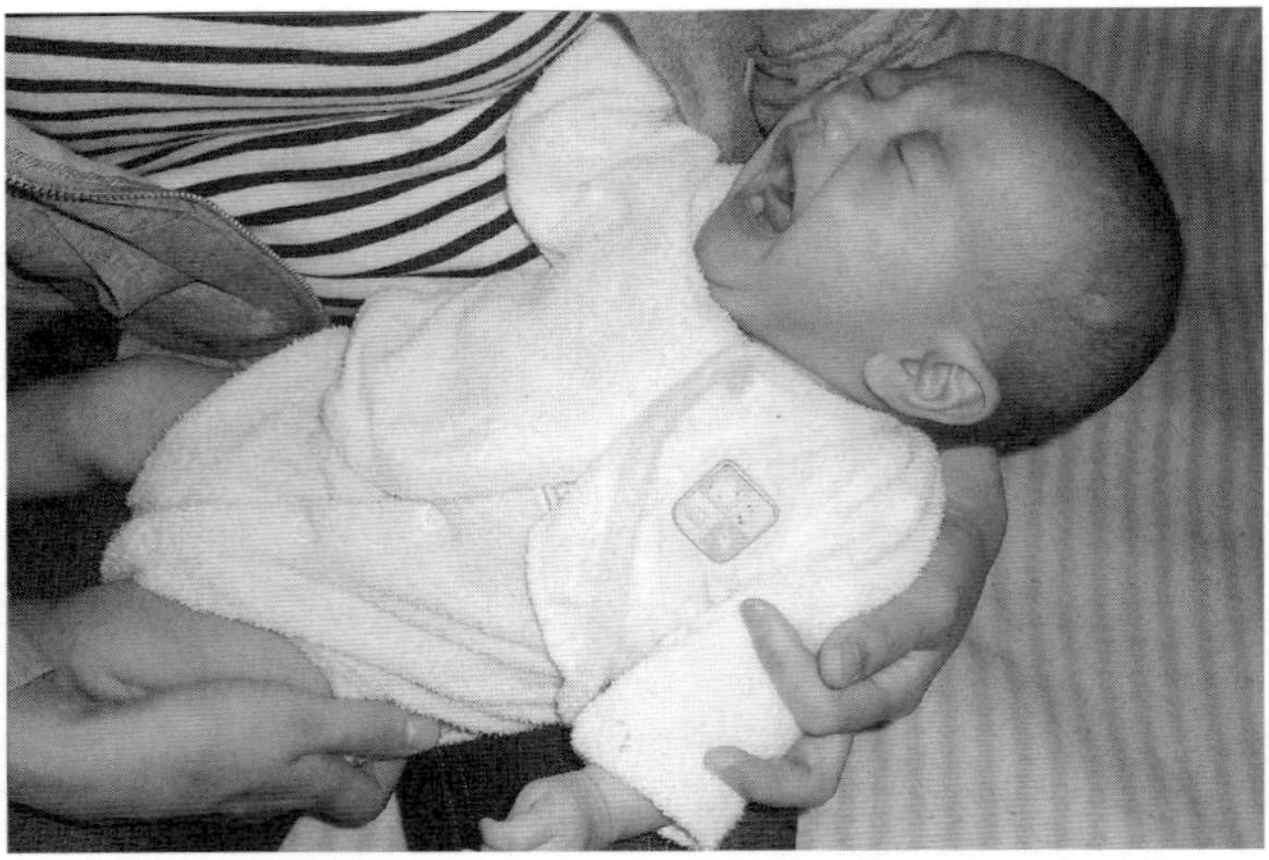

乳嫌いの赤ちゃん

母乳は分子が極めて小さく、凝固しても乳液中に懸垂状態になって沈殿しない。前者は消化に時間がかかるが、後者は極めて容易なことを意味する。しかも母乳は蛋白以外の栄養成分の含有率が低く極めて薄いが、ミルクは大きな牛の体づくりに必要な栄養成分が濃厚に含まれることになる。しかし、母乳には早くから自分で牧草など乳以外のものを食べる牛の乳には含まれていない必須アミノ酸やビタミンなどが含まれている。加工技術が進んでミルクにはそれらの栄養成分の添加がなされたが、母乳に最も近いとされながらも違いはさけられない。一口で言えば母乳に比べ赤ちゃんには負担が大きいのである（今は母乳化が進み母乳との差はないとさえ言われている）。その上、当時「大きいことはいいことだ」といった意識から大型の肥満型の赤ちゃんを健康優良児とする風潮があり、知らず知らず子どもに過重負担をかけていたのである（参考資料——待井和江「乳児保育と乳児栄養」『社会問題研究』十五巻三・四号、一九六五（昭和四〇年））。

それともう一つ、「乳がほしい」「もういっぱい」という子どものサインを大切にしたいという言葉も胸に響いた。「おなかがすけば泣いて訴える。おなかがいっぱいになれば子どもは自分から乳首を離す」。それが自然の摂理なのに、ミルクだとつい時間で、あるいは哺乳瓶のメモリがサインになっている。まだ一六〇ccしか飲んでいない、あと二〇cc飲ませなくてはなどと強制授乳に傾斜してしまう。現在は、そうした指摘は「常識」になっているともいえるが現実は必ずしもそうではない。それは授乳や食事だけではない。教育的はたらきかけでも、たとえそれが善意からのことであっても、子どもの興味や発達の姿を無視した強制もあれば、しつけという名の虐待ともいえる関わり方もあることを問い直さなければならない。

（2）「おいしいのよ、好きになって」

ある日、高井教授を訪れた乳児院の保健婦は「せっかく順調に育ってきたのに、離乳期に入ると、乳児たちの成長に停滞が生じたり、消化不良や風邪をひいたりして体調を崩すことが多い。何とか離乳期をスムーズに乗り切る方法はないものだろうか」と切々と訴えられた。当時はかゆ中心の離乳の問題を解決する研究が進められ、北海道大学小児科を中心に、α化された強化離乳食ベビーフードが開発市販されたところだった。高井教授はこの新製品で、離乳を進めてみようと提案され、医局が指導に当たり、効果判定を私が担当することになった。私にとって最初の課題研究である。

いよいよ開始の日、私は不安と期待を抱きながら、朝早く乳児院を訪れた。保健婦は温めたミルクで軟らかくしたベビーフードをスプーンで与えるのだが、口をあけない子、口はあけるが舌にのせたままで飲み込もうとしない子など、赤ちゃんは初めての食品に敏感な抵抗を示す。保健婦はスプーンを自分の唇に当て、いかにも美味しそうに口をすぼめてチュッチュッと食べるしぐさをする。保健婦の口元をまじまじと見ていた赤ちゃんは、安心したように呑み込み、保健婦に「いい子、いい子」と頭をなでてもらう。ところが、どうしても受けつけずベビーフードを舌で押し出す赤ちゃんがいる。すると保健婦は、スプーンで実に巧みにすっとすくって口に戻す。また子どもが押し出す、再び保健婦が赤ちゃんの口に戻そうとしたとき、私は思わず「やめて！」と声を上げてしまった。こんなに嫌がるのを無理じいするなんて耐えられないという思いが強かった。保健婦は「先生、若いのね」と笑いながら手をとめた。若いという表現は、未熟、未経験だとひらめいた。「先生、この子はまだベビーフードの味を知らない。もしこれがこの子どもにとって大切な食事であるなら、そのことを知らせなければならないのよ。今の乳児院では、別のもので代わりを用意することができないのだから、私は〝大丈夫よ、安心してこれを好きになってね〟と祈りを込めて与えているの」「きっと、この次に先生が乳児院に来られるまでには、喜んで食べるようになっているでしょうよ」と慰められた。私は彼女の言葉に打たれた。しかも、それは決して一方的な強制ではなかった。子どもの好みに応じて、スープでまたはみそ汁で味に変化をつけ固さを加減するなど、細やかな配慮があった。私が中二日あけて訪れたとき、その子はよく食べていた。そしてニコニコ笑っていた。当時の乳児院には捨て子が多かった。それこそ骨と皮と言ってよいほど痩せた子どもをつきっ切りで見守り、幾人もの命を救った保健婦である。私は再出発にあたって、大切なことを学ぶことができた。

(3) 乳児の反乱

α化した数種の穀類にそれだけでは不足する栄養成分を添加している強化離乳食（ベビーフード）は、熱いスープ、味噌汁、ミルクを加えると短時間でそれぞれの味の栄養価の高いかゆ状の離乳食ができるので、施設では何よりの食材になった。経過観察に訪問する私に保母も看護婦も子どもたちの盛んな食べっぷりや成長ぶりを報告していた。身体発育測定記録もその効果を示していた。私も訪れるのが楽しみだった。ところが、その日は何となく雰囲気が違う。「どうしたの」と聞くと「赤ちゃんがベビーフードをあまり喜ばなくなった」という。「何故？」と食事の様子をみると、舌で押し出す子がいる。突然その子どもが口に入れたベビーフードをブーと吹き出した。何と言うことだと、その子をよく見ると白い前歯がのぞいている。はっとした。もう歯が生えているのに濃度は濃くなったとは言え、どろどろのおかゆである。「こんなの嫌」と押し出してもスプーンで戻される。「これでも分からないの？」とプーッと吹き出した乳児のしぐさに驚き感心するばかり。ゴメンネとかゆ状から水分を減らしてやわらかいご飯状にしたり、薄いトーストや質のよいせんべいを与えると、嬉しそうに自分でモグモグとつぶして食べている。よく見ているようで見ていなかったことを自省するとともに赤ちゃんへのいじらしさで胸を熱くした。

（4）高雄ちゃんがいなくなった

乳児院では捨て子で親の名前も、その子どもの名前も分からないことがある。その時、院長は、子どもの名付け親になる。高雄ちゃんの母親は、仕事を探していた。しかし赤ちゃん連れでは中々思うにまかせない。玄関前に捨てられた子どもを受けとめてくれる乳児院のことは聞いていたのだが、もし発見されなかったらと思うと実行できなかった。やはり人の目があるところがいいと思い、デパートのトイレのオムツ交換台に置いてきたものの、後ろ髪をひかれて立ち去りかねていた。やがて騒ぎになって、社員が来て事務室に連れて行かれてしまった。

もう会えないと思ったが、その日の夕刊に「デパートのトイレに捨て子」の記事があり、「児童相談所を通して乳児院に収容された」とあった。母親はその切り抜きを財布に入れ「待っててや、必ず迎えにいくから……」と乳児院の前を幾度となく歩いたと言う。漸く赤ちゃんを連れてできる仕事が見つかったと、つい先程手続きを終えて退院したという。色白のふっくらした高雄君もベビーフードを食べていた。今、戸籍名に戻り高雄くんはいなくなった。

草創期の乳児院での実践研究で、乳児院の価値そして限界も学んだ。乳児院は保母養成の実習の場であるが、施設数が少ないため限られた学生しか実習はできない。保育所就職後も是非、乳児院での実習を経験してほしいと思った。

三　思い出

（1）DNAと教育

夫は医師だったからか、その人間観はDNAに端を発していたように思えた。私は素質や個性を尊重する一方で、教育の力を信じたかった。夫はそれを〝思いあがり〟と酷評したこともあり、私は「教育の力」を信じないのは可能性を否定することだとも、幸せになる権利を奪うことだとも思い泣いたこともある。落ち着いて考えると、DNAを変えるには、何世代もかけて科学的に取り組まなければならないことなのだと言うことも分かるし、私の主張する教育の力は「一人一人のつまり個をよくとらえ長所を伸ばし短所を押さえて、よりよい生き方ができるようにすることをさしているのだと納得するのだが、その教育のむずかしさは身にしみている。でも挑戦したい。たとえDNAを変えることはできなくても……」と思ってきた。

私たち夫婦は娘一人と息子一人に恵まれた。

私の母方は古くからの町医師で、江戸時代、おかごで往診した女医の話を聞いたこともある。母の男兄弟三人はすべて医師の道を進んだ。そして母の子（私の兄）も医師になったが、一九四五（昭和二〇）年に戦死の公報がとどいた。母にとって孫である私たちの長男に切ない思いをかけるのは仕方のないことだったと思う。子守りをしながら「あなたは伯父さんのようなよいお医者さんになるのよ」というのが口ぐせだったらしい。「なぜお父さんのようにと言わないの」とは言えなかった。とうとう息子は自分は医者になるのだと思い込まされてしまったらしい。他の道は考えもしなかったと何かの折に話すので「後悔しているの」と聞くと「していない、自分も好きな道だしやり甲斐を感じている」との答えに安堵した。一方、娘については夫が「二人きりのきょうだい、多分、弟は医師をめざすだろうから、姉は女医、薬剤師、歯科医などがよい。同じ分野だと友人、親せきも共通していることが多いと思う。そう方向付けよう」と言っていた。私に反対の理由はない。ところが本人は全くの理系嫌い、必死で向き合っても分かりやすい方法を工夫しても積極的に興味を示さないし、私の期待する成果はみられない。〝どうして分からないの〟と私は本気で怒ってしまう始末である。ところが娘は音楽が大好きで、音感もリズム感もたしかで声も魅力的だった。

わが家にピアノ調律師が名付けてくれた「おたから」の足踏みオルガンがある。いわく因縁にふれたい。一九四九（昭和二四）年の冬だった。外地から引き揚げて、群馬県伊勢崎市の郊外で診療所を始め、漸く落ち着いた

長女・節子（左側）と筆者

ある日、夫が医師会の会合から帰ってきて、「今日は大変な買い物をしてきた」と半ば嬉しそうに、半ばすまなさそうに言う。それがオルガンだった。それもまだ材料が間に合わないので予約注文をヤマハ楽器店で登録してきたという。代金を聞いてあっと驚いた。〝それだけあれば子どもたちにいろいろしてやりたいことがあるのに〟と思わず言ってしまった。夫は心なしか悲しそうな表情で「何という夢のないやつだ。こんな時代だからこそオルガンを買いたかったのだ」と言う。やがて現物がとどいて子どもたちにオルガンを教えたのは私だった。オルガンの背板を開くと製造年月日が記されている。足ふみの板は子どもたちの練習で真中がすり減ってへこんでいる。私はこの時の夫との会話を思い出し、夢のなかった時代の私の言葉に夫はやり場のない思いを味わっただろうと思うと寂しかった。その後、夫の患者として偶然お会いしたのが、武蔵野音大卒の先生だった。子どもたちの練習をみて下さる中で「坊や（まだ小一だった）は次々と練習曲をこなしていくが、それは記憶力だと思う。お嬢さんは進むのは遅いが音楽性にすぐれている。音を楽しみ理解している。大事にしてくださいね」と仰ったことが私の胸に深く刻まれた。娘の将来に対する夫の願いはよく分かるし、私もそうしたいと思い続けたが、中学に進んでからは一層、理科系は娘には向かないのではと思うようになった。たまたま一年前に大阪市の相愛学園高校に音楽科が創設されたことを知り、高校からここに進ませようと思うようになった。私のどこかにまだ理科系に進む可能性を思う気持ちがあったが、「お母さん、勉強するのは私なのよ。数学や理科より、音楽が好きなの。楽しいのよ」という娘の言葉で私は決断した。夫はまだ迷っていたが、最後は賛同してくれた。むしろ問題は中学のクラス担任だった。当時〝すべりどめ〟と位置付けられていた私学専願で、しかも早過ぎる専攻決定を懸念し、忠告もされたが、夫婦、親子の話し合いの結果は変わらなかった。その後の娘の解放された姿に「これでよかった」と夫も言ってくれた。

娘は大学を終えると間もなく結婚し、二児の母になっても、子ども音楽教室を開いて「私、子どもの音楽指導上手なのよ」と楽しそうだったし、保母資格試験を受ける人のための音楽理論の講義にも取り組んでいた。「私の人生、いつも音楽があって本当によかった」と還暦を過ぎた今も同好の仲間とコーラス団で難曲に挑んでいる。最近は編曲にも取り組んでいる。そのことは私をどれだけ和やかに癒してくれたことかはかりしれない。

因みにノンクリスチャンの夫は「神様、ゴメンナサイ。僕、今いささか酔っています。でも賛美歌をひきたい。そして歌いたいのです」とおことわりを言って、我流で至福の時を過ごしていた。彼の晩年の句に「いずこからいずこへ行くかDNA」というのがあり、感慨深い。私たちは戦時中の結婚だったから恋愛に憧れながら体験はなかった。親や周囲の人たちから「いいご縁だよ」と言われて結婚し、そこを出発点としていろいろな道程を経て金婚式を迎え、間もなく夫を見送った。だんだん年を重ねる中で、夫にこんな面があったのかと若い日には見えなかった心情や行為に共感を味わったり、改めて尊敬の念を抱いたりした。夫は日常のこともまた私の人生のふしぶしで支え導いてくれた、私にとってかけがえのない存在だった。

（2）「スリ」に感謝

また話しは強化離乳食の実証研究に戻るが、その効果測定は、顔色・皮膚のはりやつや、機嫌、動作の活発度、食欲、睡眠、排泄の状況など、観察を主とするもの、体重、身長等身体測定に関するものなど保母でできるデータに加えて医学的なデータが求められた。0歳児の耳たぶに小さくメスを入れ、ピペットで血液を吸って、その性状をみるのだが、そうした訓練のない私は教室の小児科医の指導があっても、なかなか簡単にはいかない。採血には慣れても、顕微鏡で白血球の数を捉えるのがむずかしかった。一人一人のデータをとるのに時間がかかっていると、研究員の医師が「先生、今日はスランプみたいですネ。そんな時は早くかたづけて出直すほうがいいですヨ。誰にでもそんな日がありますヨ」と声をかけてくれた。渡りに船と早帰りをすることにして、南海難波駅から特急に乗り、さまざまなものを入れた夫から借りた大型カバンを網棚に上げ、入り口の柱によっかかり「何でこんなことを始めたのだろう。私には荷が重い。三食昼寝つきの主婦業が分相応だ」など考えていると発車のベルが鳴り、まさに動き出そうとするとき車内から男性が一人飛び降りた。駆け込み乗車の反対だとあっけにとられてみると、私のカバンをもっているではないか。びっくりして声も出ないうちに発車、次は堺までノンストップ。私はオーバーのポケットに定期入れがあるだけ。あわてて引き返し難波駅の公安室に行き事情を訴えたが、係りの人は「それはだめだ。プロのスリの仕業だ。念のため届けを書いてください」と誠にそっけない。またホームに戻り電車で帰宅するが、ずっとずっと「もうやめた方がいい」という夫の声を聞く思いだった。ところが翌日、夫の職場に西成警察から電話で「あなたに関係する書類その他が、釜が崎の映画館のトイレの網棚に置いてあった。早速受け取りに出頭して下さい」とのこと。連絡を受けた私はとても行く元気が出ず、代理の方に頼んだ。その方が「あなたは運がよい。これをすったのはスリの名人です。まず足がつきそうなものは手をつけていない。また、これは落とし主にとって大切だと思うものはきちんと残している。もう、こんなスリは残り少なくなってしまった」と警察に言われたという。昔の物だから分厚い牛皮のカバンで、白衣やおべんとう箱をはじめ雑物がつめこまれてふくれあがっていたから札束ではと思ったのかもしれない。さぞがっかりしたろうにおべんとう箱を包んでいた大判のピンクのチェック柄の包みをあけた時、涙がこぼれた。私がつまづきながら積みあげたデータを記したノートも、この文献は教室に一つしかないから大切にと渡された論文の抜き刷りも入っているではないか。その時、やらなければならない。やろうという思いがこみあげてきた。

このスリに会わなかったら私は挫折していたかもしれなかった。

第二期　昭和三〇年代（一九五五～一九六四）復興期の保育所

——ポストの数ほど保育所を——

一　主な制度・施策・社会の動向

一九五五（昭和三〇）年一二月	「保育所認可等について」児童局長通知。私的契約児童が過半数を超えている施設、定員を超過している施設は必要がある場合は、事業の停止または認可の取り消しの措置をとることを指示。
一九五五（昭和三〇）年七月	厚生省「最低基準に関する研究」委託。
一九五六（昭和三一）年二月	文部省「幼稚園教育要領」刊行。
一九五六（昭和三一）年四月	「全社協保母会」結成。
一九五六（昭和三一）年六月	夜間保育所「だん王保育園」京都市に開設。

一九五七（昭和三二）年一月	保母のいわゆる「童謡デモ」世論を動かす。
一九五八（昭和三三）年一二月	大阪市「家庭保育実施要領」作成。「共同保育」の制度化。
一九五九（昭和三四）年一一月	国連総会「児童権利宣言」採択。
一九六〇（昭和三五）年	東京都「家庭福祉員制度」発足。
一九六一（昭和三六）年七月	国際公教育会議（於ジュネーブ）が開催され、各国政府に対して就学前教育の一層の推進と拡充とが勧告された。「幼年期より精神的、道徳的、知的、身体的に望ましい成長、発達が促進されるべきこと、また早期の教育は、両親の義務であり権利である」と同時に、「両親は幼い子どもが四歳ぐらいになると、最良の条件のもとにあってさえも、その子どものすべての教育的要求を、自分たちだけでは満たしてやることができないこと、さらに婦人労働者の増加などにより、社会的任務として子どもの保護・育成の必要があること」などである。
一九六二（昭和三七）年四月	厚生省、三歳児の一斉健康診査実施。
一九六二（昭和三七）年	「保母不足」が全国的にあらわれる。
一九六三（昭和三八）年三月	「保育所認可等について」厚生省児童局長通知。保育所の適正配置その他事業の進展を図るものとして「定員六十人以上の施設（おおむね二割以上は三歳未満児を入所させ、かつ定員のおおむね一割以上の二歳未満

	児の設備をもうけること）を認可すること、社会福祉法人立を原則とすること」などを指示。
一九六三（昭和三八）年七月	中央児童福祉審議会保育制度特別部会中間報告「保育問題をこう考える」（保育七原則）を具申。
一九六三（昭和三八）年一〇月	「幼稚園と保育所の関係について」文部省初等中等教育局長、厚生省児童局長連名通知。
一九六三（昭和三八）年一一月	第十五回全国同和教育大会に、はじめて乳幼児教育分科会設置。
一九六四（昭和三九）年一月	厚生省児童局に保育指導専門官を設置。
一九六四（昭和三九）年三月	文部省「幼稚園教育要領」改訂、告示。
一九六四（昭和三九）年一〇月	中央児童福祉審議会保育制度特別部会第二次中間報告「いま、保育所に必要なもの」具申（保育制度について、保育内容について、保母の身分について）。
一九六四（昭和三九）年一〇月	東京都で幼稚園入園願書受付けに保護者が二日間徹夜、遂に警察が出動。

（1）働く女性の増加と「保育所不足」

ようやく生活困窮者救済のための戦後処理が一応終わり、昭和三〇年代に入り、わが国は高度経済成長の波に乗り始めた。当時は工業化による大量生産の時代である。技術革新を取り入れ、生産方式の機械化、自動化に伴って単純作業、未熟練の作業分野が拡大し、既婚女性の就労の可能性が開かれ、次第に階層を超えて一般化し、働く母親は著しい増加を見せたが、就労理由の第一位は生計費の足しにすることであった。それは裏返せば、高度経済成長を支える低賃金労働者の確保という国策にも叶うものであり、保育所の増設は、政治的公約や選挙公約となり、厚生省統計情報部「社会福祉施設調査」によれば、「児童福祉施設」としての保育所の施設数と入所児童数は、一九四七（昭和二二）年は千五百カ所、十五万八千九百四人、一九五〇（昭和二五）年は三千六百八十四カ所、二万九千五百四人、一九五五（昭和三〇）年は八千三百二十一カ所、六十五万三千七百二十七人と急上昇がみられる。しかし、一九五三（昭和二八）年の厚生省調査結果では、なお要保育児童が二十六万人いると報告されている。

保育所の増設は、保育所の設置をはじめ、その後の運営を支える国庫の補助金を中心とした公費の支弁が自治体の財政的負担増となり、このことがネックとなって、昭和二〇年代後半から三〇年代前半にかけて保育所増設は停滞した。このため、一九六一（昭和三六）年、厚生省は「入所措置基準」を設定した。これは保育所は、「保育に欠ける子どもを対象とすること、かつ、保育に欠ける子どもの範囲をどのように考えるか」を示すものであるが、併せて幼稚園と保育所の違いを明確化する意図をもつものでもあった。

（2）利用者の自主活動による保育所づくり運動

・一九五三（昭和二八）年七月　東大職組婦人部の共同保育「ゆりかご保育園」生まれる。「共同保育所」のはじめ。

・一九五四（昭和二九）年　六月　「働く母の会」発足、「共同保育所づくり運動」の中心となる。
・一九五五（昭和三〇）年　三月　全電通、全国五カ所の「試行保育所」を獲得。職場保育所づくりに取り組む。
・一九五六（昭和三一）年　六月　夜間保育所「だん王保育園」、京都市に開設。
・一九五八（昭和三三）年　四月　虎の門共済組合保育所を設置、国公労の運動。
・一九五八（昭和三三）年一一月　東京・葛飾区青戸団地で「持ち回り保育」のなかから保育所を獲得する。公団住宅保育所のはじまり。

など、保育所の不足を解決するためにさまざまな職種の組合をはじめ、地域自治会、婦人運動体などの組織活動が保育所づくりにとりくんでいる。次第に保育所づくりは職場でも地域でも共通の要求となり、「ポストの数ほど保育所を」というスローガンのもと激しさを増していった。

（3）　乳児保育と家庭保育制度・保育ママ制度

とくに大都市を中心にフルタイマーで働く女性たちの乳児保育要求は、年々切実、深刻となっていた。一方では結婚定年がまかり通っている世相があり、出産後も働き続ける場合は労働基準法に基づく母性保護の適用を受けるものの、反面、それに拘束され、産後有給休暇明けからの職場復帰を余儀なくされる。核家族化や通勤距離の遠隔化が進むなかで、保育時間の延長、通年保育、とくに産休明けすぐの乳児保育を含む三歳未満児保育を要求し続ける激しい運動に対する行政の対応は極めて消極的であった。結果として、いわゆる無認可保育所が出現し、認可保育所がためらっていた産休明けからの乳児を預かり、長時間保育を実施し、働く親と子どもを支えた。

地方自治体の多くは、これら無認可保育所の意義を認め、一部ではあるが補助金を出している。しかし、無認可保育所は必ずしも全てが善意の所産とは言えず、営利本位のものもあれば、環境、処遇に問題をもつものが多く、実施に疑問をもち、これを憂慮する否定的立場もあった。

そうした中で注目されるのが、一九五八（昭和三三）年に大阪市が始めた「家庭保育制度」である。「市内に居住する五十五歳までの健康な女子、講習会を受講する能力のあるもの、他に内職をもたず、学齢までの自分の子どもがいないもの」を受託者の条件としているなど、重点は乳児保育であった。一九六〇（昭和三五）年には、東京都が「家庭福祉員制度」を発足させている。東京都は受託者に保母、保健婦、教師など有資格者であることを条件として求めている。

昭和三〇年代、働く母親たちはいかに苦労したか、仲間同士で保育室を確保して保母を雇い、この時期を乗り切ったり、各人各様（ケースバイケース）の取り組みが事例として残っている。

次第に家庭保育制度をモデルに各自治体の支援でいわゆる「保育ママ制度」が広く展開されたが、当時はこれらを「行政の安上がり政策」「責任回避」であるとして厳しい批判が出された。

西宮市は委託を希望する0歳児は原則保育ママ制度で受託し、満一歳になったら認可保育所で受け入れるという方法をとっていた。保育者の研修に度々参加したが、保育ママは熱心だった。西宮市は保育ママ制度の実態や評価を利用者を対象にアンケートで調査をしていたが、私もできるだけ聞きとりで本音を把握した。両者の結果については日本保育学会で報告したが、ほとんどの母親が「ありがたかった」という。「これがあったからこそ仕事を続けられた」「育児のことだけでなく職場の悩み、夫婦間や家庭のことを話し、助言を受け、本当によかった」など、非難する言葉はほとんどなかった。次に一歳になって認可保育所に預けてどう思ったかをたずねると、「ほっとした」という表現の回答が多かった。あれだけ感謝していた母親たちがほっとしたという。そこに責任の所在というか、何かあったときに、公的な対応や保障が得られない不安や、保育内容の問題もある。とくに「給食がないのがつらかった。認可保育所に入って給食があったことが幸せだった」という。乳児保育に対する公的責任の不可欠さを痛感したが反面、家庭保育・保育ママ制度のよさも改めて確認する思いだった。

家庭保育制度は小さな集団で行う。乳児であれば一対三。幼児が入っても一対五くらいだが、ほとんどが乳児を預かっていた。暖かい人間関係が得られるが、保育者が一人であることは何とかしなくてはならないと思った。とくに親身の家庭的雰囲気は評価したい。それはもっと後になるのだが、家庭保育制度のもつウィークポイントが問題になり、とくに公的責任が及ばないということで、大阪市の児童福祉審議会で「廃止論」が出てきた。いま一つ、保育者の老齢化も不安要素となっていた。男子委員が多いなかで、私はこれはもっと巡回保健婦や巡回保母で援助すればよい、また講習をして、支えながら制度は残しておくべきだと思うと主張した。こうしたいわゆる家庭的雰囲気の保育は乳児にとってどんなに大切か。親の育児のあり方や悩みなどを聞くとか、保育時間にしても規則づくめでない柔軟性とか。そういう価値をもっと考えてほしいと希望した。そうしたらいつまでもということにはならないが、その人の状態で考えようということになり、一斉廃止や定年制は延期になった。行政もこの制度に対して、補助金を出し、指導を行うという形をとったが、それは、乳児を公立保育所や認可施設で預かるということを先送りすることになりかねない。しかし家庭保育制度のような形態も大事にしたいと感じた。家庭保育制度に学ぶことは多かった。京都でママ保育を見学したのは夏だった。そうめんをゆでて冷やし、ざるにもみじの若葉を敷きそうめんを涼しげにもりつけ、つゆはべつの小さい器に入れていた。そうした当時の認可保育所にはみられないこまやかさに感動し、是非ともモデルにしたいと思った。

働く女性と乳児保育——事例（1）

大阪社会事業短期大学から奈良女子大学に進んで司書となり、母校の図書館に勤務する助手がいた。社会事業専攻だったので、私は在学中接する機会は少なかった。ある日、彼女が私の研究室に来て語った。夫は大学の研究室で研究を続けていて、自分が働いて生計を担っている。二人とも両親が他界しているので、二人で対応しなければならないが、妊娠したと言う。そのときの彼女の言葉がいつまでも忘れられない。「先生、現代は産まない自由は確保できたけれど、産む自由は保障されていない。今、経済的に困難だから生活が安定するまで子どもをもたないでおこうという選択はできる。けれども、その時期が過ぎたから産みたいと思っても、決してその時に産めるとは限らない。私はこの子を産み育てたい」という訴えはこたえた。これまではわが国の働く女性の立場は、私的労働であり、家族の一員としての無給の労働であった。多くは農業だったが、家事手伝いや内職も多くみられた。ところが戦後、男女共学となり、義務教育が中学までになり、女性の大部分が高校に行くようになってきた。この人たちは自分も社会に出て就労をしたいという自己主張をもってきた。しかし就労には隘路があり働き続けることはむずかしかった。結婚、出産は即退職となる。乳児を預かる保育所がない。たまにあっても満員だし、生活困窮者に限るところが多かった。「どうしたらいいのでしょう」と助手は必死である。私も交流のある保育所に連絡したが全く見通しがたたない。その時、大阪市に家庭保育制度があることに気がついたが、そこも余裕がない。万に一つの期待をこめて、ＹＷＣＡの働く婦人のセンターの保育室に電話をした。すると「何と運のいい！　今朝父親の転勤で一人あきができた」という。とにかくそこをおさえてもらったが、センターは大阪市の北、都島区にあり、助手の住所は大阪府下南部の東羽衣である。それを知った事務局職員、助手たちが住居難の中、居宅探しに奔走して、とりあえず住居を確保し、センターに受け入れてもらった。センターの乳児室のしくみは、既存の建物に手を入れて小規模の保育施設をつくり、大阪市の家庭保育制度に登録している複数の女性が通勤で十人余りの乳児を保育する。実は以前、ＹＷＣＡがこの構想をもって、大阪社会事業短期大学に建物の改築と保育の進め方について相談に来ていたのである。当時、大阪社会事業短期大学の碓井隆次教授が就学前の乳幼児の施設の建築・設備や用具に深い関心をもって研究していたのである。幼稚園をはじめとして保育機関は、小学校建築をモデルにしていた。長い廊下があり、それに沿って保育室があるという構造である。窓の高さが高く、子どもたちは立ち上がっても外が見えない。そこで碓井教授は保育専攻の学生が保育所の実習に行ったとき、年齢別・男女別に在園児の身長や手を伸ばしてとどく寸法、あるいは膝下の長さなどの実測をさせた。それらを平均すれば窓や棚の高さ、階段の高さ、机や椅子の寸法が見積もれる。ＹＷＣＡの責任者として岡本千秋氏は労を惜しまなかった。工務店に頼む資金のゆとりがなくて、いわゆる大工に建築を依頼したが、彼は主旨を受けとめ孫を連れてきて、男の子のトイレの寸法などを決めていた。初めての低年齢児対象の本格的設計だったと思っている。出産時はそこに委託。満一歳を迎えると大阪市の認可保育所に入所できた。こうして二人の男の子を育てることができた。

私にとっても学ぶことの多い一連の実体験であった。

女性労働の変化と保育要求――事例（2）

ちょうど昭和三〇年代の初めにテレビが放映されることになり、テレビ番組に出演依頼があった。私が再就職した時代は大学でも女性の教員は極めて少数であり、男女平等、男女共生を進める社会動向のなかで私は、いろいろな場に立つことが多くなった。企画の番組はシリーズものだった。その時、京都大学教育学部卒の三人の女性がこれも初めてディレクターとして教育番組を担当していた。その三人は同じ年次にＮＨＫに入り、結婚し、三人とも男子を産み育児期にいた。でも「やめたくない」と言う。マスコミの世界は日進月歩でやめられない。育休すらとりにくいという。ところが例によって乳児保育の場がない。一人は大阪市の私立保育園で受け入れてもらったが、長時間保育は望めない。そこで住んでいた団地で、電柱に子どもを預かってほしいと貼り紙をしたが誰も応えてくれない。だめかと思っていたら夜、中年の女性が来て「お預かりします。でも公表しないで下さい」という条件で漸く問題を解決した。いま一人はベビーシッターを頼んだが住み込みなので、気をつかうことが多かったという。三人目は京都に住んでいたが、職業柄アンテナを働かして、小児科の女医が保育室を開いていることを知り、預けることができた。もともとは家庭で離乳に失敗したり、離乳に不安をもっている親から、日中、子どもを預かり離乳指導をしていたのだが、地域の働く母親から昼間入院させてほしいとの依頼があり、保育所の役割を担うことになったとのことである。

彼女は私に、その現場を見てほしいというので私は胸をときめかして見学に行った。「今やっと朝の受入れがすんで落ち着いたところなので、中には入らないで見てほしい」という。そこでドアの隙間から見学した。高い椅子に座って大人しく看護婦に離乳食を食べさせてもらっていた。彼女は私に「家庭でも同じ椅子を求めて食べさせているのだが、ちょっともじっとしていないの。食べさすのに一苦労する。もっと厳しく対応しないといけないのかしら」とささやく。私は子どもはその時、母親の世話で解放感を味わっているのよ。厳しくしたら、のけぞって抵抗すると思う」「大丈夫よ。ここでの支援を受けて仕事をつづけて…」と励ました。やがて夫の就職が定まり、幼児期は地域の保育所に通ったが、一時期は登園すると、門のところで汚いところ―ぬかるみやごみのある所―をみつけひっくり返るという。幼い子どもなりに母親をひきとめたい思いのあらわれかと後ろ髪をひかれるやら反抗的な動作として案じられたり……という。現在、母親は婦人問題のエキスパートとして、子どもも立派に成人してマスコミ界で活躍していると聞き、ほっとするとともに闘いにも似た道のりに改めて、社会的援助の必要性を考えさせられた。折にふれ共働き生活の実体を聞いたが、その中で彼女が男性と女性の違いの一つとして、夫は子育てや家事に協力的で、家事労働は当番制で分担し、きちっと必要なことをやりこなすものの「それで終わり」という感じ、例えば洗濯しても干したらそれで洗濯については意識外、ところが妻はビルのなかにいてさえ、自分が当番の時はもちろん、そうでなくとも雨が降り出せば洗濯物のことが気にかかると言う。ささいなことだが基本的な違いのようにも思えた。

当時の企業の女性労働観――事例（3）

この頃、企業の歴史シリーズを出版するという企画があり、突然、私のところにフジ・インターナショナル・コンサルタント出版部から電話があった。私は企業のことは何も知らない。何をするのかと問い返すと企業のトップに会ってインタビューをしてほしいという。それまで企業やトップなどは私の意識にはなかった。光洋ベアリングの本社が心斎橋にある。光洋ベアリングは女性労働で発展し支えられている会社なので社長に会って、女性労働をどう考えているか聞いてほしいという。しかし社長は急用で上京、副社長と話し合った。タイトルは「一万分の一ミリメートルに挑むベアリング」である。ベアリングは本当に大きいものもあれば、ごくごく小さいものもある。実物を見ながら話が進む。仕上げの検査が極めて重要だという。それを戦前は手仕事でやっていた。仕上げのとき僅かの歪みや傷もゆるされない。とくに軍隊に納入する場合は厳しかった。熟練工は、手のひら、指先の感覚で微かな歪みや傷を発見する。そのため、とくに女子の熟練工は貴重な存在だった。それが現在では機械によって僅か一ミリの一万分の一の歪みや傷をはじきだすので女子熟練工はいらなくなった。しかし職場には女性の存在は大切である。やわらかい雰囲気になるし、忠実に働く。反抗もしなくて……。結局、女性の貢献は認めているが、一人一人を尊重していない。「早くやめる方がいい」と副社長は仰る。「女性は長く勤める必要はない。新鮮な生き生きとした花の時がいい。本人にとっても……」と。私は「そう仰いますけれど、光洋ベアリングは女性労働によって発展し支えられてきた会社だと伺ってきたんですが」と返すと、「そうだよ、若い人が来ていい雰囲気で生き生きと働いてくれればよい」と仰る。まさに職場の花を求めているのである。本社のドアが開くと絨毯がさっと敷いてあり、職場の花の代表がお出迎え下さる。社長室に着くと、また社長秘書がいて…という状況で、企業での女性労働はそんな位置付けだった。能力より、個性より容姿端麗で、素直で、三年ぐらいでやめてくれると一番助かる。長くいると扱いにくいし雰囲気によろしくないなどと、堂々と発言する。私は初めてのところだし、そんなことを聞かされて、やっとのことで女性労働はそんなものでないと言って帰ってきた記憶がある。思い浮かぶのは「女子大生亡国論」であった。保育所の必要性とか育児休業などは副社長の意識には微塵もない。私が何で来ているのか目的も分かっていないのだと思った。

（4）「保育七原則」を具申

厚生省中央児童福祉審議会保育制度特別部会は、一九六三（昭和三八）年、第一次中間報告「保育問題をこう考える」（保育七原則）を打ち出す。七原則の内容は、①両親による愛情に満ちた家庭保育、②母親の保育責任と父親の協力、③教育方法の選択の自由と子どもの両親に保育される権利、④家庭保育を守るための公的援助、⑤家庭以外の保育の家庭化、⑥年齢に応じた処遇、⑦集団保育である。ところが、これが公示されると賛否両論、むしろ母親を家庭に還れとする逆コースであるとの厳しい反発が起こったのである。たしかに、婦人の就労による女性解放、社会的地位の向上は、民主主義国家として極めて重要な課題である。しかし、当時の風潮のなかに母親の就労を家庭内労働よりその価値が高いと評価し、就労は女性の権利であり、乳幼児の保育は公的責任で行われるべきである。さらには家庭で母親が保育するより、専門の機関で専門の保母が行うことが望ましいとするなどの考え方があった。それに対し、保育七原則は子どもの権利を軽視する傾向があることを憂慮（問題視）する強い批判の表明であった。

保育七原則は、児童憲章第三項の「すべての児童は、家庭で正しい愛情と知識と技術で育てられ、家庭に恵まれない児童には、これに代わる環境が与えられる」こと、また「乳幼児は例外的な場合を除き、その母から引き離されてはならない」という児童権利宣言を論拠とするものである。母親の権利と子どもの権利を対立的にとらえるのではなく、両立を追究しようとするものである」。しかし、子どもの母親に保育される権利保障は子どもにとって極めて重要な原則であることを強調しているものである。社会的な保育はその可能性を支えるものであることを、今、改めて問いなおす必要があるのではないか。

ある年の日本保育学会研究大会でのことである。私は「乳児保育」研究発表の座長を務めることになっていた。会場に入室しようとする時、一人の会員に呼びとめられた。「先生は、0歳や一歳児前期は家庭で母親が保育すべきだという立場ですね」と言う。「はい、できるだけそうすることが望ましいと考えています」「でも、私は産休明けからわが子を保育所へ預けてきましたが、問題はなく、とてもよく育っています」、もう発表開始まで時間がわずかしかない。「それは、よかったですね。保育所の保育が充実していたのだと思いますが、それにも増してあなたが仕事から離れた時、母親としてわが子に向き合い、心の通う時を過ごされていたのだと思います」と言うだけにとどまったことが省りみられた。

ある母親が子どもの誕生日の園だよりに記した「私は家を出て職場に向かう時、だんだん職場人の顔になる。そして帰宅する時は、保育所への迎えを急ぎながら、母親の顔に戻っていく。夜ようやく子どもを寝かせて寝顔を見ると、健康そうな肌の色をして笑みすら浮かべている。いとしさとともに、この健康なほほえみも保育所あってのことだと、改めて感謝の思いを抱いた」と書かれていた。私は仕事と育児の両立をめざす母親の姿、園と力を合わせて子どもの育ちを願う母親に心を打たれた。

一方、「保育所育ちの子どもの姿には問題がある」との指摘もあり、実践者たちは使命感と現実の労働条件の厳しさのはざまで悩みながらひたすら努力を重ねてきた。

(5) 保母の労働条件改善の動き

さらに昭和三〇年代に強調したいことは、保育所づくりは推進されたが、保母の労働条件は低位性のままであったことである。保育時間は長時間化し、乳児保育開始期の0歳児の保母定数は一対十だった。一対九になるのもなかなかだった。それから一対八、一対七になった。やがて保健婦、看護婦の設置要求が実現すると、その分、保母の員数が減少するという状態だった。当時労働条件の悪さが問題視され、一九五八（昭和三三）年、保育問題研究会が「保母の生活白書」を、一九五九（昭和三四）年に労働省調査会が「保母の社会的地位向上のための実態調査」に取り組んだが、こうした一連の動きにかかわらず、「保母は子守り」という表現が聞かれた。私はこうした実態をふまえ「保母の身分に関する問題」について論文をまとめたが、一九七二（昭和四七）年の時点では中学卒の企業の女子工員より保母の給料が低いという地方自治体もあった。

厚生省も一九六〇（昭和三五）年四月、「保母給与の実態調査」をまとめている。結果は全国平均月額八千七百三十八円であった。厚生省は社会福祉施設に対する労働基準法第八条について通知したが、保育所は十三号適用であった。これは一日八時間労働という原則に対し、保母は九時間労働を意味する。その理由は乳幼児は動きが少ないという感覚があった。これには保育関係者が猛烈に反発し、子どもは動的な存在であり動かなければ育たないと理解を求め八時間労働をとりもどしたが、昭和三〇年代は保育者にとって労働条件は厳しかった。一九五七（昭和三二）年一月、保母の行った「童謡デモ」は世論を動かす行動であった。行政と保育労働者の対立。激しい組合運動もあったが、一方で実践をふまえて科学的、実証的に望ましい労働条件を明らかにすべきだとの動きもでてきた。

（6）幼保一元化への要求の高まりとその背景

一九五〇（昭和二五）年、三千六百八十四カ所だった保育所は十年後の一九六〇（昭和三五）年には、公立五千五百七十六、私立四千二百十一の計九千七百八十七カ所、一九六五（昭和四〇）年には、公立六千九百七、私立四千二百九十二の計一万千百九十九カ所と公立保育所を中心に目を見張る激増ぶりを示している（厚生労働省「社会福祉施設調査」）。それによって幼稚園と保育所の競合が表面化し、幼稚園サイドは、保育に欠けない子どもが多く在籍している幼稚園化した保育所が措置費の支弁を受けていることを厳しく批判し、幼稚園にも公費援助があるべきだとする財政的一元化を要求した。一方、保育所サイドは、同年齢の幼児を対象としながら保育内容や環境整備基準に格差があることは差別であるとして、とくに教育保障の一元化を要望した。次第に幼保一元化運動は激しさを増していき、マスコミのなかには「あたかも枯野を野火が走る勢いで燃え拡がっていった」と表現するものもあった。遂に一九六三（昭和三八）年一〇月、文部省初等中等教育局長と厚生省児童局長との共同通知「幼稚園と保育所の関係について」が出されるに至った。その趣旨の一つは、「幼稚園と保育所は明らかに機能を異にするものであり、それぞれが十分その機能を果たし得るよう充実整備する必要があること」であり、いま一つは「保育所のもつ機能のうち、教育に関するものは幼稚園教育要領に準じることが望ましいこと」とするものであった。世論はこれを「制度的二元制、質的一元化」と評した。ともあれ、保育所は明治以来一貫して保育に欠ける子どもを親に代わって保護することを主とした「託児」から生存権と発達権の同時保障を意味する「保育」への変容が公文書によって認められたと言える。しかし保育所サイドは「準じる」という言葉にこだわり、0歳から長時間の通年保育が就学まで続く保育所の独自性を明らかにすべきだと反発した。

働く親たちは経済的理由に加え、自己実現をめざす意識が芽生え、社会的労働者として正規雇用をめざしたが、そのことが子どもの不利益にならないよう教育保障の一元化を要求した。

昭和三〇年代、一躍保育所は世の注目を浴びることになり、急発展をみせたが、それに伴いさまざまな波紋が生じることになった。その最たるものは、国や地方自治体の保育所に対する財政負担増であった。このため、一九六一（昭和三六）年に厚生省は「保育所の入所措置基準」を設定した。これは、保育に欠ける子どもを対象にすること、かつ、保育に欠ける子どもの範囲をどのように考えるかを示すものであるが、併せて制度的二元性を明確化する意図をもつものでもあった。

（7）「幼稚園教育要領」の刊行と告示

保育要領をふまえて、自由保育活動が活発に展開されるにつれ、昭和二〇年代後半に入って「保育要領」や「それに基づく保育実践」に対する疑義が生じ、「這い回る経験主義」として批判され出した。実践者の間からも「ただ子どもが楽しめればそれでいいのか」「ねらいなき保育実践」という反省や批判の気運が強くなった。さらに幼稚園のめざましい普及、幼児教育への関心の高まりを背景に「保育内容」は「健康」「社会」「自然」「言語」「音楽」「絵画製作」の六領域によって「保育要領」において網羅的、羅列的に示されていた子どもの「楽しい経験」が「望ましい経験」として組織化され、「幼稚園教育要領」が刊行された（一九五六〈昭和三一〉年）。さらに子どもの「望ましい経験」を教育目標として「ねらい」を組織した「幼稚園教育要領」を告示し、国家基準が成立した（一九六四〈昭和三九〉年）。この経緯は子ども中心の「楽しい経験」から、保育者の意図を明確にした

「望ましい経験」への移行であった。

(8) ライフサイクル論の登場

文部省、労働省が中心となって取り上げたライフサイクル論は、自己の人生をみつめ、これからを考え女性の生き方や地位について、そのあり方を追求すべきだという、いわば意識改革論であった。

結婚に始まる第一子誕生、末子誕生、子どもたちの成長の節《ふし》(進学、就職、結婚など)ごとの夫婦の年齢、さらに定年、夫婦の推定死亡年齢などを明らかにするファミリーライフサイクルでもある。昭和三〇年代は「女は二度勝負する」と言われる程、子育てから解放されたあとの女性の人生は長くなった。それは自立して過ごさなければならない時期でもある。

当時活発になってきた〝婦人学級〟で、ある母親が語った。「朝、鏡の中の自分の髪にちらちらと白いものを発見。子どもたちに「見て、見て、お母さん白髪になったでしょ。あなたたちが苦労かけるからこうなったのよ……」。すると中学をかしらに三人の子どもたちがすまなさそうに小さくなっていた。ところが夜になって、「今朝は突然言われたから、何も言い返せなかったけれど、考えたらお母さん、おかしいよ。お母さんは戦後の厳しい生活のときにあなたたちがいてくれたから生きられたのよ、励まされ生甲斐だったと何度も言ってたじゃないの。僕らを育てさせてあげて勇気付けてあげたのだからお礼をもらいたいくらいだ」と手をさし出したという。「まあ、何を言うの」と怒ったのだけれど、それは理にかなった意見で、ブラックユーモアだと思う。「お母さんは子育てから離れたのだから、これからはお母さん自身の人生を歩きなさい」と言われたと思い、「強いショックだった」と言う。

昭和三〇年代は、そういう意味でも大きな転換期だった。まだ暗中模索であったが、女性が働くために、また働き続けるためにはどういう支えが必要か、産休や育休とともに、保育所という機関が極めて大切だということを事例を通して、またそこで働く保母に焦点をあてて質的に力量を高め、労働条件の改善をめざしてさまざまな運動や研究が始まったことが時代の変容を感じさせた。

一九五八（昭和三三）年、国際児童福祉研究会議が東京で開催された。戦後のわが国で最初に開かれた国際会議であった。私は大阪府から出席を命じられたが、各国代表が次々と「もう戦後ではない」「戦後処理は終わった」と力強く発言し、時代の変化を一層強く意識付けられた。この時、出席者とともにバスで施設見学に参加したが、三鷹市の乳児保育所は目を見張るものであった。市長が率先して設置したわが国における乳児専門の公立保育所第一号にはさまざまな創意工夫があったが、遠来の客人たちはどう捉えただろうか。低月齢児は今はみることもないが柳こうりのふたとみを別にして、小さいふとんを敷いて寝かせ、ベランダで日光浴をさせているのをみて、"good idea"とほほえんでいたが、床の一隅をたたみ敷きにし、ふとんをのべて午睡をしているところでは、ポケットからメジャーを出して、たたみの高さを計測していた。これでは音やほこりは防げないと思ったのか、冷えを心配したのか、安心したのかたしかめず、そのままだったことが心残りだった。お皿にのせたクッキーのおやつの写真をとっていた人もいた。

最終日、再会を願って歌った蛍の光がワンコーラス終ったところで「once more！」と指揮者の発声でリピートしたときは、国際社会への復帰だと、熱い思いがこみあげたのも忘れ得ない。戦後間もなくなればこその、今では味わえない感動であった。

二　思い出――ライフサイクルと私――

(1) 故国に帰る日まで

よく学生や働く婦人たちから「先生のたどった両立のコースは、理想的だ」と言われた。「しかし、今は競争社会だから、とくに女性はいったん職を離れると復帰は困難だ」という訴えも多く聞いた。自分の歩みをふり返るとき、本当に恵まれていたと思う。私のこれまでは決して意図的、計画的ではなかった。それどころか他から勧められ、道を開いてもらったと思っている。大阪社会事業短期大学に就職したのは、女学校時代の恩師の夫である同短期大学教授の誘いである。私は学歴はあっても教職歴は実質二年に満たず、研究実績は企業との共同研究『凍結による繊維の強度について』があるのみ、可能な限り早く文部省の大学教員資格審査に合格して講義を担当することを条件に漸く助手での採用が許可されたのだった（一九五二〈昭和二七〉年）。

「二人の幼い子どもを持っての就職は容認できない」という夫の見解で、この日まで約十年間、家庭で育児期を過ごしたのである。夫は旧満州国、南満州鉄道株式会社に属する医療機関に勤め、終戦は満州の最南端、瓦房店で迎えた。当時、新しい街づくりが進み中国の人が暮らす旧市街と新しく日本の人たちが暮らす新市街は、大抵城壁で、城内と城外とに区分されていた。もちろん往来は自由で馬車や人力車を利用して、買い物などは親切な応対で、言葉は単語で通じあったが、私の場合、中国の友人とか家庭的な交際は限られていたというよりほと

夫のスケッチ――引揚げ家族の姿

んどなかった。

かつて関東軍とよばれた軍の統治がよかったのか、南満は敗戦後も不穏な空気はなかった。しかし、北満の日本人の引揚げの時には数家族を一カ月近く宿泊させるなど、あわただしく心細い日が続いたが、本当の危機はすぐにやってきた。

国府軍（蒋介石軍）と八路軍（毛沢東軍）の内戦が激しくなり、アメリカ軍が後押しをする国府軍が刻々と瓦房店に迫っていたのである。いつ八路軍と戦火を交えるのかとおびえたが、八路軍は速やかに整然と撤退をして事なきを得た。しかし、軍病院として使っていた満鉄病院は資材・人材共に退却する八路軍のものとして持ち去られ、みるみる病院は空洞化していった。たまたま夫は高熱を発し、血痰が出るなど体調を崩して、行軍は不可能であった。軍病院の院長は「この者は同志なり」という一文を夫に渡し、私たち一家だけががらんとした薄暗い広い病院に取り残され、これからどうすればよいのか考えるゆとりもなく、八路軍とともに移動する医師や家族、看護婦との切ない別れを惜しんだ。だが、その後を追うように反対側から華々しく乗り込んできた蒋介石軍の幹部と思われる一群のなかに思いもかけず、夫のところで研修医として勤務していた孫医師の姿があった。彼は私たちのことを案じていたと言い、すぐさま私たちの生活の安定に奔走してくれたが、その時から夫は「技術留用者」として国府軍の下で働くことになった。給与や住宅も支給され、一応生活は安定したものの、将来に見通しはなく、とくに八路軍の逆襲をおそれる日々だった。不安は現実のものとなり、八路軍の攻勢に対し、今度は国府軍が退却を開始した。「あなたは敗戦国の医師だから職場選択の自由はない。しかし、だからといって国府軍の下で働いた事実は八路軍にどう解釈されるか予断は許されない。このまま国府軍と行動を共にすることが最良だ」という指示で短時間のうちに支度をし、長い長い軍用列車の一隅に私たち家族は母を加え五人、同乗した。孫医師がいたからだと感謝しつつも、よくまあ連れて行ってくれたものだと何度思ったことか、行先は旧奉天（瀋陽）だった。ここでは診療所所長を命ぜられ、先行き不透明のまま国府軍の勢力の下で引き揚げの日までを無事に過ごした。やがて技術留用を解除され、終戦から二年二カ月たって故国の港に帰り着いた。

（2）新しい生活が始まる

夫の伯母の婚家先は、福岡市郊外の田園地帯で、おそらく戦火をまぬがれただろうと、そこ宛に満州から連絡をとったが、無事とどいていて、皆は安心したという。自分の出した葉書を見て感無量だった。私の叔父は終戦の年の三月の東京大空襲で病院が崩壊し、群馬県の桐生市に疎開し、病院を開いていた。そこに一家五人を受け入れてもらい約一カ月余りして、漸く伊勢崎市外の宮郷村の診療所で地域医療に取り組み、私も看護婦の手伝いをして、食料難の時代を何とか生き抜くことができた。引揚者ということで、役場から中学生の実習用に使っていたという広い畑を無償で提供され、母と私は麦や野菜類を作った。農機具を使いこなせない二人は軽い「畔掻《あぜか》き」を鍬の代わりに、ほとんどは移植用のシャベルで土を耕し、二十種類近い野菜を作った。実習園だったというだけに土はよく肥えて、やわらかくて作業が容易だった。今思えば母も私もまだ若かった。私は三十歳少し前だったなど夢のようである。当時、プロの農家はもっぱら米、麦の作付けが主体で野菜類は家庭用に最少限必要

京城第二高等女学校校舎

なものしか作っていなかったので、都会暮らしの私たちがあれこれ作るのが珍しかったのか、そばを通る人たちが手を取って教えてくれたり、手伝ってくれたりした。また、そのことで土地の人たちとも交流が深まった。そこで学んだのは「基肥《もと》え」と「追《おい》肥」の関係のことだった。それは人間形成における基礎学習の大切さを示すとも思われた。畠の一隅に深い穴を掘り堆肥を作り、種まきや苗植えの前にそれを基肥えとして埋める。そうすると、あとは折々に追い肥えや水をやれば見事な？出来ばえで農家の人が喜んでほめてくださる。二年足らずのことだったから、つまずきもなくてすんだのだと思う。また、そうした生活が満州での戦後や引揚げに疲れた心身の回復に大きい力を発揮してくれたと思う。とくに一九四三（昭和一八）年生まれの下の子は初感染から小児結核と進み小学校一年に入学したものの登校を継続できず休学状態だったが、土地の子どもたちと野性的な自然との関わりのなかで、病気を克服した。本当の健康体になったのは高校生になってからだと思うが、いのち拾いをしたとよく夫と話し合ったものだった。

（3）卒業後初めて母校を訪れる

しかし、いろいろと将来を考えると、やはり私たちには都会での生活が適していると思われ、夫の同級生の誘

奈良女子高等師範学校本館

いで大阪に移ったのは一九五一（昭和二六）年だった。夫も呼吸器系に病根があり、当時の医療体制のなかでは、自主診療をつづけることは無理だった。そこで大阪府の保健所所長としてサラリーマン生活を送ることになり、家族との時間をもつゆとりもでき、私の人生の転機を可能にする選択でもあった。

奈良女子高等師範学校を卒業して京城の母校（京城第二高等女学校）に就職できた私は、自宅から通勤する好条件に恵まれたが、戦争が苛烈になり、遂に海をへだてた奈良の母校を訪ねる機会もなく過ぎていた。大阪に来て真っ先に訪ねたのは母校だった。「緑の校舎」「ささやきの小径」など、私の思い出に悩まされていたであろう夫は「一緒に行ってみよう」と二人揃っての母校訪問となった。

戦後、国立大学に昇格しても、私がお世話になった母校の先生方は健在で暖かく迎えてくださったが、国立大学初の女性家政学部長の波多腰ヤス教授は「あなた、今なにしているの」と質問された。私は「主婦です」と何のためらいもなく答えた。ところが「あなた、バカね」と言われ、私はドキッとした。「あなたは昔から楽天的だったけれど変わらないのネ。あなたは夫はいつまでも元気でいると思っているかもしれないけど、とくに今はそれは保障できない。もし何かあった時、あなたは二人の子どもを立派に育てる心構えはあるの」と続く言葉に返すことができなかった。戦争中そして戦後、そのことに幾度おびえたことか、私の

再就職をして（35歳）

反応をみて先生は「これからの人生、あなた自身のためにも仕事をもつことを勧める」と仰る。「そうしたいのですが、世の中が激変して、それに十年間のブランク、私にはとてもできそうにないのです」と返すと「私はあなたをそんな風に育てた覚えはない」ときっぱり言われ、私はいよいよ返す言葉を失った。ややあって先生は「あなたのためらいもよく分かる。もしやる気があるなら、研究生として受け入れてあげる」と手がかりを与えてくださった。嬉しかったが夫のこと、子どものことなどいろいろがかけめぐって、やはり「無理だ」と思いながらも「よく考えてみます」と辞した。

帰りの近鉄電車のなかで、突然夫が「君、君は行きたいのだろう」と声をかけ、さらに「行きたかったら行ってもいいよ」と言う。信じられない思いが強かった。一応これからの生活についてめどはたったものの、かといって何一つ確かなものはない。でも私が仕事をもつことに消極的というより拒否的でさえあった夫の変化が嬉しかった。揃って母校をたずねたことはよかったと思った。自分から発したこの時の「ひとこと」に夫はしばらくれたところもあったようである。年月がたって、大学受験を控えた孫が「私、おばあちゃんみたいになりたい」と夫に言ったとき、夫は「そうか、でもおじいちゃんは、それで大変だったんだよ」と話していたとは、孫の報告である。「君はいつも頭が一メートル先で、体がついていかない。僕はブレーカーだったよ」と夫はよく言っていた。

フレーベル館の保育雑誌「保育専科」のインタビューで、「私たちの青春時代は戦争中で明るいロマンはなかったが、その代わり今は豊かな晩春がある」と言ったら「それは違いますよ。先生のは老春ですよ」と笑われてしまった。

大学の研究生になったことは、新しい第二の人生のはじまり、私のライフサイクルは動き始めたのである。

第三期　昭和四〇年代（一九六五～一九七四）成長期の保育所（1）

――保育所保育の独自性――

一　主な制度・施策・社会の動向

一九六五（昭和四〇）年八月	母子保健法制定。
一九六五（昭和四〇）年八月	同和対策審議会「答申」。
一九六五（昭和四〇）年八月	厚生省児童家庭局「保育所保育指針」刊行。
一九六七（昭和四二）年四月	保育所緊急五か年計画。保育所三万九千カ所、児童三十万人の増加を目標にスタート。
一九六七（昭和四二）年六月	「児童福祉施設最低基準」一部改正。三歳未満児六人につき、保母一人となり、二階以上の保育室および遊戯室を認める。

一九六八（昭和四三）年八月	都市部に小規模保育所（三十人以上～六十人未満）を認め、無認可保育所の解消をはかる。同年、過疎地にも適用。
一九六八（昭和四三）年一二月	「全国要保育児童実態調査報告」（昭和四二年八月一日現在）発表 入所定員（A）九十六万八千三百人、要保育児（B）百十八万四千百人、乳幼児推計人口（C）一千二十三万七千五百人、A／C九・五％　B／C一一・五％。
一九六九（昭和四四）年四月	「保育所における乳児保育対策の強化について児童家庭局長通知、原則として所得税非課税世帯である低所得階層に属している0歳児が九人以上入所しており、特別の設備を設けている施設には保母及び看護婦又は保健婦を含めて乳児三人につき一人の費用となるよう特別保育単価を適用する（昭和四四年度は0歳児四百人分）。
一九六九（昭和四四）年七月	「同和対策特別措置法」公布。保育所の整備が位置付けられる。
一九七〇（昭和四五）年一月	中央児童福祉審議会『児童福祉に関する当面の推進策について』保母養成教育課程改正について提言。
一九七一（昭和四六）年七月	全社協保母会「保母の健康調査」労研へ委託し実施。
一九七二（昭和四七）年五月	労働省・青森労働基準局他九局を動員、公私立三百三十四施設（乳児院を加える）を対象に監督指導による調査を実施。

一九七三（昭和四八）年四月	大津市障害児全員入所。
一九七三（昭和四八）年七月	「同和対策特別事業の実施について」児童家庭局長通知。
一九七三（昭和四八）年八月	摂津市、昭和四四年から四六年までの保育所施設整備費の「超過負担」の四千三百万円の支払いを求めて国に対して行政訴訟を提起（いわゆる摂津訴訟として多くの波紋を起こす）。
一九七三（昭和四八）年一一月	アラブ石油国機構減産強化による石油危機。
一九七四（昭和四九）年一二月	「障害児保育の実施について」（障害児保育実施要綱）児童家庭局長通知。

（1）「保育所保育指針」の刊行

働く母親の増加（既婚者は婦人労働者の五〇％を超える）は、乳児・年少児保育、長時間保育、通年保育など保育要求の多様化をもたらし、幼稚園と保育所の機能の違いが明確となり、幼稚園を主体とする教育要領では及ばない実態が生じているにもかかわらず「幼稚園と保育所の関係」に関する通達では、「教育に関する内容は幼稚園教育要領に準じること」と記されるにとどまっている。保育所はその独自性をふまえた「保育所保育要領」の刊行を、研究大会等の機会を捉え、厚生省に要望をくり返したが保育所の増設に追われる厚生省の反応は得られなかった。それならば自分たちの努力でと、一九六三（昭和三八）年に全社協保母会が立ち上がった。本務を遂行しながら、また研究や作業条件の保障もない状況での取り組みは困難が多く遅々とした進行であったが、常に全国各地域の保母会を通して、進行状況を伝えあい、現場の意見を汲み上げ、現場実践者ならではの発想による保育指針の内容構成がみられる。今回、国が急遽、「保育所保育指針」の作成にふみ切ったのは、保育所利用者の保育所に対する期待の切実さが、もはや放置できないところに来ていたこともあったが、直面する課題を自ら開拓しようとする保母集団の熱意が行政や世論を動かしたと言っても過言ではない。

遂に中央児童福祉審議会保育制度特別部会は、一九六四（昭和三九）年一月以降、「今、保育所に必要なもの」として保育所の制度、保育所の保育内容、保母の身分制度の三つの研究会を設置し、それぞれについて検討を開始した。さらに、こうした一連の業務を遂行するために、厚生省児童家庭局母子福祉課に籍をおく、「保育指導専門官」を一九六四（昭和三九）年一月に任命している。

「保母養成協議会」の専門委員会（50歳頃）。

中児審の保育内容研究会では、委員のほかに現場から保育園長と保育研究者九人を研究員として委嘱し、まず第一に「保育所保育要領（仮称）を作成し、保育所保育内容の充実をはかるべきである」とし、その結果が「保育所保育指針」の刊行となったのである。当時、保母会の立場は複雑だった。自らの手で積みあげてきた保育要領とどう関連付ければよいのか、正直空しさを感じることもあったが、保母会による保育所保育要領作成の中心メンバーが研究員として作成に参画し、保母会の蓄積が生かされたこと、またさすがに内容がより整理され、作業もスピーディに進むことに納得し、積極的協力を惜しまなかった。そして一九六五（昭和四〇）年八月「これを参考として保育内容の一層の充実をはかるよう市町村長及び保育所を指導されたい」として第一次の「保育所保育指針」が各府県知事指定都府市長宛に通達された。

保母会の「保育所保育要領」はこれに遅れること一年、全社協保母会結成十周年記念として出版された。もちろん世の関心は「保育所保育指針」に集中していたが、保母会の取り組みは保育の指導目標として、0歳児から集団生活を打ち出しているなど特色がある。何よりもこの大きな研究をやりとげたことは、保母の力量や保育実践の質を高め、その後も現実をふまえて課題を明確にし、組織を挙げてその解決に取り組む保母会の基本姿勢となっている。

「保育所保育指針」刊行の中心として力を盡した岡田正章初代保育指導専門官は、「保育所保育指針が演じた役割のなかで最大のものは、保育所の世界だけでなく保育行政担当者をはじめ、広く保育と幼児教育に関わる人々に、保育所の機能のなかに「教育」という用語を定着させたことにあると言えよう」と述べている。それは第一章総則において「養護と教育が一体となって、豊かな人間性をもった子どもを育成するところに、保育所における保育の基本的性格がある」という文となって示され、これに基づき保母の地位の確立・向上、保育条件の充実がはかられることになった。

（2）保母資格と幼稚園教諭免許の同時取得

依然として保育所の増設は緊急の課題であったが、これを困難にする最大の壁は有資格の保母不足であった。このことは国会でも取り上げられ、厚生省は解消の責任を負うことになった。当時、保母試験の受験者数は著しい増加をみせ、年間二度試験を実施する地区もあった。近畿において大阪府、兵庫県、奈良県、和歌山県の保母試験委員を委嘱されていた私は、大学の夏季休暇は試験の採点に明け暮れる有様だった。何とか合格率をあげたいとする行政と、保母の資質を軽視するものであってはならないとする試験委員の立場のせめぎ合いで合否判定会議がもめたものである。受験者のための事前講習会を開くなどの対策が講じられたが、即効的対応では保母の資質の向上はむずかしかった。

遂に保母養成と既に戦後短期大学を中心に取り組まれている幼稚園教諭養成とのタイアップが企画された。一九六二（昭和三七）年の保母養成教育課程の改正は同時取得の可能性を意図しており、これによって短期大学における保母養成は一九六八（昭和四三）年には三十六カ所、翌年には二十九カ所が指定を受けている。同じ修業年限で保母資格と幼稚園教諭免許とを取得できることは、学生にとっては就職の場を拡げることであり、国としては短大レベルの教育を受けた保母を、多数世に送り出すことになり、当時、厚生省の「ヒット施策」として評価された。ついで一九七〇（昭和四五）年、保母養成課程は短期大学設置基準に即して整備され、同時取得を推進した。加えて時代的社会的要請に対応して「乳児保育Ⅰおよび Ⅱ」を新設したほか、「保育原理Ⅱ（保育計画論）」「養護原理Ⅱ（各種児童福祉施設における養護の詳論）」「乳幼児心理学」「養護内容」等の科目が設置されたことは、保母の専門性の充実を意図するものであった。にもかかわらず、次第に専門職としての保母養成に逆行する感を拭い得ないのである。その一つは、同時取得を可能にするため「福祉系科目」が縮少されたことである。とくに演習がなくなり、二年間で学ぶべき教科目が増え、学生自身で研究したり、学生同士で学び合ったりすることが困難になったことがあげられる。養成校の取り組みのなかには、明らかに同時取得は就職の手段に過ぎないと思わざるを得ない例もみられた。

(3) 保母の健康調査

産業の発展に伴い、新たな健康問題が生じてきた。一九六〇、一九六一(昭和三五、三六)年からキーパンチャーの「腱鞘炎」が社会問題となり、職業と健康障害との直接的な関連が大きく取り上げられる契機の一つとなった。保育所の場合、高まる乳児、年少児保育や長時間保育の要求に対応する中で、「腰痛」「頸肩腕障害」などの健康障害が問題になってきた。全社協保母会はその原因を明らかにするために、一九七一(昭和四六)年度から「保母の労働負担に関する調査」を労働科学研究所に委託し実施した。一方、労働省労働基準局による社会福祉施設に対する監督指導が、一九七三(昭和四八)年四月から九月にわたって実施された。保育所の法違反原因で最も多いのは法定労働時間オーバーに関するものであり、これに次いで多い違反事項は休憩時間に関するものであった。とくに休憩時間の自由利用の不徹底が指摘されている。次の記述は当時の状況を示すものとして共感を呼んだ。

――「添い寝は休憩ですか」――

保育所保母の休憩時間不足が労基法違反として行政指導を受けた当時の施設長研修会で、関連した話をさせてもらったことがある。民間のある園長さんから保母さんが午睡時間に、園児たちと一緒に「添い寝」をしている状況は「休憩」ではないのかという質問を受けた。

「それは休憩ではありません。園児たちを眠りにいざなう立派な仕事です。なかなか寝つかない子どもを寝かせつけるのは結構手がかかるのではないですか」と答えた。そうしたら「それじゃ、子どもと一緒に寝てしまったらどうですか」ときた。「それも休憩していたという区分は難しいでしょうね。子どもたちの傍にいて仮にちょっと眠ったとしても、何かあったらすぐそれに応じて、世話をしなければならない場面にいるのですから、添い寝してもらっている子どもからすれば保母さんもウトウトするような、眠りやすい状況を作ってくれているわけでしょう」「そうしたら、こういう場面はどうですか」。質問者はなかなか頑張ります。「午睡時間が過ぎて、園児たちがもう動き出しているのに、保母はまだ寝ているのは？」。会場内に笑いが起こったので、この質問に直接答える必要がなくなっていた。

「私も、実はそのような情景を見たことがあります。横になっている保母さんのまわりで、静かにして遊んでいる園児たちの落ち着いた表情もなかなかいいもんですよ。園児たちは保母さんがすっかり眠っているわけでないことを知っているし、保母さんも、うす目をあけながら園児の動きをちゃんと、とらえているのです。そしてしばらくすると、今度は園児たちが先生を起こしにかかります」。会場にまた笑いが満ちた。

（保育園の仕事を、すべて、ものを扱う仕事と同じように考えるとおかしいことになる）越河六郎『保育と労働』労働科学研究所出版部、六五ページ。

また調査の一つとして一日の業務時間の行動内容をタイムスタディによって分析したが、まだ集計を手仕事でしていた当時、大阪社会事業短期大学保育専攻の学生を集計作業に参加させたところ、学生の一人が

「ワァーッ」と奇声をあげた。「保母は午前中一度もトイレに行っていない」という。また声があがる。今度は「トイレに行っても、行ったかと思うともうもどっている」という。また「食事も早い」と驚いていた。保母は常に無意識的に緊張状況にいるのだとする学生もいた。

さらに調査に参加した現場のキャリア保母は、保育における職業病の原因には、個人的要素があることを指摘し、職業人としての健康管理が必要であると自己管理責任を強調した。また当時、若い人の間でＧパンが流行したが、使用する布地は伸縮性がなく、仕立てもゆとりがないため腰痛症の原因になっているとの警告もあった。加えて保育労働と看護労働の違いがあげられた。看護の歴史は長く、戦場という過酷な体験のなかで作業手順、姿勢など「行動の科学」とでも言える視点が培われて、一人でもベッドに寝たきりの成人男性のシーツ替えができるが、保育の場合そうした視点が弱い。とくに姿勢に低位性が求められる乳児では、しっかり腰を床におろして世話をするか、立って介助ができる高さの作業台を設けるとよい。最も避けるべきは「中腰」である。また「動線」にも気配りがいる。最少の動きで作業が進められる工夫が求められることなどが論じられた。タイムスタディを実施したことで、いわゆる「一刻も気の抜けない仕事」であることが保母の緊張状況につながっていることが捉えられた。その対応には保母定数の改善は不可欠だが、単に人手を多くすることだけでは解決できない。また保育は労働をいとわずきびきびと動くだけでなく、労働に関して多角的に検証しなければならないことを明らかにしたと言える。

こうした研究によって、人的条件、物的条件において、整備が進んだ。保育所の新増築や戦後建築され老朽化による改築が進む中で、乳幼児が長時間、一日の生活の大半を過ごす場として、また保母の労働の場としての保育所独自の建築のあり方を探求する動きが高まり、子どもの発達に即した機能的内部構造やデザインが工夫され「子どもの城」をイメージして明るい個性的な構想の建築が実現した。

（4）同和保育

昭和四〇年代後半から、部落の子どもの発達保障と親の就労保障を目的として部落内に保育所を建設する要求が高まり、同和保育所の建設が進んだ。

同和問題（部落問題）は、封建時代（江戸時代）に政治的意図をもって設けられた身分階層構造（身分制度）のために、底辺におかれた人々やその居住地区が、経済的、社会的、文化的に低位の状態におかれ、現代においてさえ、さまざまな不利益や差別を受けている実態が残されているわが国固有の人権問題である。

被差別部落住民の自主的解放をめざす「部落解放連盟」などにより、差別的表現や偏見を糾弾する運動が続けられ、さらに一九六五（昭和四〇）年の「同和対策審議会の答申」を受けて総合的な施策を推進した結果、同和地区の状況は生活環境を中心に大きく改善されたが、新たに「逆差別」という反発が生じた。

そうした時に、黒人解放運動家を招いて行った差別問題を追究するシンポジウムを聴講する機会があった。彼は「日本の部落差別問題は、深刻なものではない。何故なら皮膚の色も姿かたちも同じだからである。しかし、黒人は違う、肌の色は変えようがない。ソ連の指導者は、〝だから黒人の国家を作るのだ〟という。それはわれわれの願いではない。どこにいても対等な立場で、共に生かされることである。日本は部落の環境を改善し、人々の生活を向上することが差別の解消につながる」と発言したことに、彼らの道の険しさを思った。

東京で保育の会合があったとき、講師のあいだで関西の厳しい糾弾が話題になり、質問や疑義が寄せられた。関東では、同和対策を特別視しないことが基本方針だという。同和地区に建設された保育所に入所要求があれば、地域の一般家庭の子どもも受け入れる。住宅も同様である。そうした取り組みによって、当初見られた違和感も年月を経て解消された。地域に必要な環境条件の整備を第一義として、すべて共有財産、共有資源として進めてきたという。

関西では同和保育所、同和小学校、解放会館、同和住宅など、同和対策を明確に打ち出して事業を進めてきた。そのことは同和問題を公然の課題とすることで、差別を克服する立場をとったのである。必然性のない差別意識であるだけに、自然消滅をねらう関東の方式は適切とも言える。とりわけ同和対策事業を広く一般化し、地域の資源、地域環境の改善として位置付ければ、「逆差別」という反発は起きないであろう。しかし、同和問題に根強く残る「差別意識」は克服できるだろうか。同和問題としては消滅しても、現代社会では新たに深刻な人権問題が生じている。多発するいじめや虐待は、その最たるものである。差別されるものの痛み、差別するものの思い上がりはどうなるのか。一九九〇（平成二）年に改定された「保育所保育指針」の保育目標に、「人権を大切にする心を育てるとともに、自主、協調の態度の芽生えを培うこと」とある。同和保育の過去の展開には反省すべき点も多いが、差別を克服する同和保育の実践が今日「人権教育」として継承されていること、また、その実践が親、地域との密接な連携で進められていることは、同和保育の成果として評価すべきである。

二　思い出

（1）転換期を迎えて

昭和四〇年代はふり返ると、大阪府下において保母の研修が活発に展開されるその開始期であった。私自身も昭和三〇年代から、専門領域の転換期を迎えようとしていた。既に述べたように、私は栄養学を専門として、大阪社会事業短期大学に就職した。そして大阪市立大学の高井俊夫小児科教室で教授の講義を受講したり、実践研究に取り組んだが、すべてが驚きの連続であった。奈良女高師を卒業後、十余年を経て学ぶ戦後の栄養学は新鮮で、教授から外国文献にふれる機会を与えられ刺激を受けたが、それ以上に私を啓発したのは「強化離乳食の意義について」、あるいは「日本のくる病の調査」などの実践研究であった。子どもの育ちの実態や子どもを取り巻く環境の実態をふまえ、それに関係する要因を明らかにし、適切な対応を探るという研究姿勢は「保育」そのものに通じると思うようになった。また学生の実習指導に関わって、保育所を訪問する度に今では想像もできないが、この頃は半日あるいは全日保育の実際にふれ、保育所長と直面する問題を話し合う時間的ゆとりがあった。また卒業生から保育実践について相談をもちこまれるなど、いつの間にか「保育」とくに「乳児保育」に傾斜し、次第にのめり込んでいくことになった。大阪社会事業短期大学保育課程第一期卒業の川原佐公氏から誘われて、当時関西で唯一の保育専門誌を発行していた〝ひかりのくに社〟の月刊誌『保育とカリキュラム』の編集員になったことも私の転機を促した。ひかりのくに社は、関東方面の出版社に一歩先んじて、一九五九（昭和三四）

年から「二・三歳児」という形であったが二歳児保育を取りあげ、一九六二（昭和三七）年に二歳児を独立させ、一九六九（昭和四四）年に、０・一歳児保育のページを設けた。かつ、このページは保育所独自の分野だということで、幼稚園とは別に自由な企画を受けとめてくれた。また高度経済成長期の豊かさが支えとなって「未満児保育園めぐり」を実施したことは、三歳以上と言いながらも四・五歳児を対象に年長幼児向けの内容を主体とする編集方針のなかで、また乳児保育を必要悪視する世論に対しても乳児保育の意義を主張することができた。園めぐりの第一回は近畿を中心に、試行錯誤いろいろと創意工夫を積みあげている園を訪ね、二回目は北は山形から南は宮崎までの各地で先駆的歩みを重ねている園を訪ね誌上交流をはかった。さらに実践的取り組みと理論の結びつきを探ることを意図して「乳児保育講座」を実践者と研究者や専門家との対談あるいは座談形式で取り組んだ。それらは乳児保育の充実を促し、多くの実践者を力付け反響を呼んだ。

しかし、かなり長い間、編集は五↓四↓三↓二↓一↓０歳の順に構成され、幼稚園中心というか、年長児に焦点があてられていた。これでは「子どもの発達課程」に逆行し、その結果、ともすれば三歳未満児保育の内容は「幼児保育内容をやさしくし、薄めておろしていけばいいと思わせることになる」と主張して、０歳から一・二・三・四・五歳への積み上げを実現するなど、私のなかで転機が強まっていった。月一回、夜開かれる編集会議は、本音で語り合い、切磋琢磨する貴重な場であったが、行政としてはそれを肯定的に受けとめるところと、公立は民間企業に協力することはできないと否定的なところもあり考えさせられた。

そうした時、たまたま全国保母養成協議会の研究大会が大阪で開催され、私は「乳児保育」部会の責任をとることになった。討議は新しく保母養成課程に設けられた「乳児保育Ⅰ」について、その意義、意図に集中した。

乳児の発達に関しては、養成過程に「乳幼児発達心理学」が、乳児の疾病に関しては「小児保健」「小児病学」が、保育内容については「言語、音楽リズム、絵画製作」があるではないか。それぞれの教科目で乳児・年少児の段階を充実させることが望ましいのではないか、とすれば新しい教科目「乳児保育」の独自性はどうなるのか、といった討議が展開され、それは参加者全員に共通する問題提起でもあった。私はその時、専門性には二つの課題があると考えた。一つは細分化の方向であり、いま一つは統合化の方向である。自他ともに専門職の代表と位置付けられている医師の専門分野は長い間、内科・外科・婦人科…といった大きな区分がされていたが、次第に例えば内科は循環器・消化器・呼吸器・血液…などに細分化されてきた。それによって、それぞれはより深く研究され治療法が解明されたが、このことは部分が強調され、全体というか関係性の追究が弱くなり、専門は及ぶ範囲が限られることになる。困難な疾病の場合、「医師団の構成」という対策が講じられていることからも、専門性のいま一つは統合化の方向にあるのではないか。それが教科「乳児保育」だということになったが現在のネットワーク論も統合にあると思っている。

この頃から大阪社会事業短期大学において碓井教授は社会事業科の中枢として四年制昇格に力を発揮することになり、保育専攻は碓井教授の指導のもと私の責任が重くなってきたことを感じた。

（２）大阪府下の保母の研修・研究に取り組む

「保育所保育指針」の刊行後に大阪府社会福祉協議会の井上光事務局長と鵜飼百合子大阪府保母会長の訪問を受けた。「保育所はよりどころとなる関係図書も乏しく、保母の研修の機会も少ない。漸く保育所保育指針が刊行されたが、このままでは、指針そのものを読みこなすことも期待できず、まして実践につなぐことは一層むずかしい。これからは〝研修活動〟が不可欠である。そこで大阪府下を対象にし（大阪市は市の組織があるので別になる）大阪府社会福祉協議会、大阪府保母会、大阪社会事業短期大学保育専攻の三者が協力して保育所保育、保母の質の向上に取り組もう」という提案であった。そして井上氏は研修の進め方について、もちろん現段階では講義は必須だが、「受身の講義」は必要最小限にとどめ、ゼミ形式をとり入れたい。参加者による問題提起、相互に意見交換をしながら進めることを主張した。

　大阪府は地理的条件に恵まれている。交通網が発達していて、すべての地区から「日帰り」の研修が可能であった。月一回、年十回として、一日をフルに使って多角的な取り組みが始まった。しかし時間不足はさけがたい。そこで毎回テーマを設定し、実践を基盤にその報告を出し合うことからスタートとした。まだ地方都市では保母の研修は組織されていなかった。人的条件にゆとりがない中での宿題はかなりの負担であったことは想像に難くない。〝宿題ゼミ〟という言葉は肯定できるが、〝しごきのゼミ〟という言葉には苦笑を禁じ得なかった。しかし参加者は生き生きと意欲的だったと思う。あるメンバーが「指針が刊行され、保育のよりどころができたのは嬉しかったし、指針の学習の必要性も感じていたが、何にもまして、テーブルを共に囲むグループメンバーと情報や意見交換ができること、とくに具体的な実践報告にどれほど刺激されたことか、毎回本当に楽しみだった」と話したときは〝よかった〟と切に思った。しかし、この形式では各園の内実が公表されることになり、施設長、園長が保母の出席に抵抗を示す例もあったと聞いている。「これは園に帰って報告しなくては」とか「このことはわが園でも改善できるはず」などとはりきる参加者の姿にハラハラしたこともある。各年度の五月に初めて十回、翌年の二月には一年のまとめにかからなければならない。毎月の出席を出張扱いにしてくれる園もあれば、メンバーの交替制による参加で各自は年三回の出席になるところもある。また年休を使って出席するメンバーもいた。まとめの時期には、当番が揃うのはどうしても夜になる。大阪社会事業短期大学の旧校舎は戦前の建築でやけに天井が高く暖房がきかない。やがて決まった時刻に〝なべ焼きうどん〟と呼ぶ声がする。それっ！とばかり、アツアツのうどんで暖をとったことが懐かしい。「ゼミを充実したものとするには、ゼミの人数は二十名どまりだ」と岡村重夫氏は主張するがそれは夢！府下全域からとなると保育所の場合ゼミでは納まらない。クラス構成が要求される。ゼミという名称をつけることで、小グループを単位にできるだけグループディスカッションをとりいれた。研修すべき課題、研究、検証を要する課題は多い。三歳未満児保育、乳児保育、保育内容・方法、保育の計画・記録などの研究グループを組織したが、大阪社会事業短期大学の専任の先生方に音楽・運動などの指導を担当していただき、受講者は大いに満足していた。「自分自身の機能低下を自覚し、指導者としての技術力を高めることに意欲をもった」「若返りに感謝し、今もなお学び合う時をもっている」との情報をしばしば耳にした。

研修を続ける中で、キャリア保母のなかから保育所の運営に関するゼミが必要だとの声が高まり「運営ゼミ」をもったが、これは府下各地域では「幹部研修」的位置付けとなり、メンバーは属する市町村単位の研修活動の推進力となっていったが、大阪社会事業短期大学の卒業生が中心的役割を果たしていたことが頼もしかった。

そうした中で、大阪市の指導課のスタッフが来学され、「大阪社会事業短期大学の卒業生の大阪市への就職希望が最近減少しているが、その理由は何だろう」とたずねられた。私はそのことについて把握していなかった。

依然として試験保母が多くを占め、学卒保母はその殆どが私学の保専卒という状況のなかで、即戦力にならないと公立の短大卒は一方では敬遠される傾向がないとは言えなかったが、第一期生以来、大阪市は毎年積極的に採用を続け、学生もまた意欲的に応じていた。学生に理由をたずねると「先生トロイね」と笑う彼女たちの言い分は採用条件であった。「大阪市より衛星都市の方が給与は一号俸高いし、福利厚生制度もととのっている」という。そのままを指導課に伝えると、「やっぱり、多分そうだろうとこちらでも話し合っていた。しかし大阪社会事業短大卒の就職に期待している。新しいことに取り組むとき、また何か見直しをするときなど、しっかりした意見をもち、いざとなるとリーダーシップを発揮する。大阪市はやり甲斐のある仕事が開拓できること、長期間続ける場合、専門職として有利なことなどを伝えて、是非受験するようすすめてほしい」と言われたが、「実は正直なところたくさん来られても困る。うるさいし、扱い難いから」とつけ加えられたのには恐縮した。学生に話すと「分かる！その通りだ」とうなずき笑い合ったが、福祉系短大における保母養成の功罪と言えるかもしれない。

また、これは大阪府下北部の古くから庭木栽培で有名な静かな市でのこと。これまで保育所づくり要求の顕在化はなかったが、高度経済成長期に入って大阪だけでなく神戸方面にも交通の便がよいため共働きが増加し、激しい保育所づくりの要求が生じた。しかし例によって保母不足がネックになっていた。人事課の要求は大阪社会事業短期大学の新卒を保育所長として採用したいとの意向である。何という大胆なと即答できなかった。まだ卒業時点で二十歳、保母としての実務経験もないのにと危惧は拭えなかったが、「運営管理面などは行政で責任をもってサポートするから」と言われ、新しく第一歩をふみ出す卒業生には「十分連携をとること」を条件に送り出したこともある。その後、この地区では「自主研」とよぶ保母の主体的な研究活動を通して実践者として納得できる保育内容・方法を追求していた。

昭和四〇年代は量的充実とともに、保育所の機能拡大が求められたが、とくに障害児保育要求は次第に激しさを増し、運営ゼミでは毎回、保育所の動揺が話題になった。保育所はこれまで多くの園で特別な名称はなかったが、障害のある子どもを受け入れた経験があること、今も在籍していることから、「実態調査」を行いたい。そしてその効果、問題点、取り組む上での困難点などを明らかにし、保育所で実施することの可能性について、また隘路があればどうすればよいかなどを追究したいということで、話し合いを重ねアンケート調査を企画した。運営ゼミのメンバーがそれぞれに自園をはじめ、協力の意思表示があった園に用紙を配布した。ところが思いの外、反響が大きく、「この調査の責任はどこなのか。何の権限があって行うのか」という問い合わせから「寝た子を起こすようなことをするな」というものもあったが、一方で「これは行政が率先して実施すべきことである。いつか取り組まなければならないと思っていたが、手をつけられないでいた。この調査に是非参加したい」など賛否両論があったが、大阪府社会福祉協議会の説明で、自由参加を原則としながら実施にふみ切ることができたのは昭和四〇年代の終わりの時であった。

高度経済成長に支えられ、国は一九七三（昭和四八）年を「福祉元年」と位置付け、福祉重視の方針を打ち出したが、同年に起こった「オイルショック」はたちまち深刻な不況、財政不足となり、正に手のひらを返すという言葉そのままに、さしも世論を賑わし、国会の場でも論じられた保育所づくり、保母不足は急速に鎮静化したのである。しかし、ふり返れば保育所を地域に身近な社会資源として位置付け、その整備を遂行したことは、その後につながる実績でもある。また保母の専門職としての身分の位置付け、労働条件の改善も前進をみることができた。

第四期　昭和五〇年代（一九七五～一九八四）成長期の保育所（2）
――量的拡充から質的向上へ――

一　主な制度・施策・社会の動向

一九七五（昭和五〇）年一月	国際婦人年（国際連合第二十七回総会で宣言）に入る。
一九七五（昭和五〇）年六月	国際婦人年に関する世界会議（メキシコシティ）。
一九七五（昭和五〇）年七月	「義務教育諸学校等の女子教育職員及び医療施設、社会福祉施設等の看護婦、保母等の育児休業に関する法律」（一九七六年四月施行）。
一九七六（昭和五一）年一一月	幼稚園教育百年。
一九七六（昭和五一）年一二月	中央児童福祉審議会「今後における保育所の在り方」中間報告（「男性保育者の認知、婦人の働くことへの主体的選択等を含む」）。

一九七七（昭和五二）年三月	児童福祉法施行令第二十二条の改正により男性保育者が法的に認められる。
一九七七（昭和五二）年五月	厚生省「乳児保育特別対策実施要領」を通知。
一九七七（昭和五二）年一〇月	文部・厚生両省、幼稚園と保育所に関する懇談会発足。
一九七七（昭和五二）年一二月	厚生省「保育需要実態調査」結果を発表。
一九七八（昭和五三）年六月	厚生省「保育所における障害児の受け入れについて」通知。
一九七九（昭和五四）年一月	国際児童年。
一九八一（昭和五六）年七月	厚生省「夜間保育の実施について」通知。
一九八一（昭和五六）年一〇月	延長保育特別対策要項を策定。
一九八三（昭和五八）年七月	厚生省ベビーホテル調査結果を発表。
一九八四（昭和五九）年四月	幼稚園教育要領に関する調査研究協力者会議発足（幼稚園教育要領改訂の検討開始）。
一九八四（昭和五九）年六月	保育所等における乳幼児健全育成について。

（1）国際婦人年を迎えて

戦後、働く婦人の地位は高まったといえるものの、その内実には問題が多く残されている。依然として低賃金労働者の占める率が高く、婦人の地位の向上のためには、婦人の勤続年限を長くし、実力を生かし積みあげていかなければならない。しかし現実には結婚定年、出産定年が、当然のこととして実施されている。それが先進国の中でわが国の年齢階層別労働力率をみると、今なお三十歳から三十四歳をボトムとするＭ字型曲線を描いている原因をなしている。

戦後、女子の進学は目覚ましい伸びをみせており、女性の就労には経済的理由だけでなく、能力の社会還元、生き甲斐、自立としての就労などさまざまな積極的要因、評価が加わっており、これからの高齢化社会に向かって就労は女性自身の生活設計として重要な意味をもってくる。かつては「仕事か子育てか」と二者択一的に決断を迫られていたが、今や「仕事も、子育ても」と両立の意識が強まり、共働き家庭は年ごとに増加しており、この傾向は今後ますます拡大していくことが予想される。国際婦人年（一九七五）は、国際レベルでその実現に向けての行動を推進するものである。わが国においても働く婦人が望みつづけた「育児休業に関する法律」が同年に公布され翌年四月実施されている。また一二月には、中央児童福祉審議会が「今後における保育所のあり方」（中間報告）を出し、男性保育者の参加と婦人の働くことへの主体的選択を認めている、いずれも男女平等・共生の理念に発するものといえる。

これまでは母親の労働は「家計を維持するための、主として「強制された労働」であったが、次第に「より高い水準の消費生活をするため」「母親のもっている専門的技能を生かすため」「積極的な社会的活動の場を得るため」など、多様な動機に基づくものになっている。後者の場合、前者と違い就労は誰からも強制されない「自由な選択による」とみることができる。保育所は前者に対応することを第一義的役割とせざるを得なかったが、後者も視野に入れることを打ち出したことにも婦人の地位の変革が期待される。

国際婦人年に入ると、国をはじめ地方自治体でも「婦人問題推進会議」の設置が進み、私も委員を委嘱されたが、大阪府、兵庫県、奈良県など近畿各地の府県庁所在地に及び、しかも各会場で同じ顔ぶれに会うことが多くとまどいを抱いた。

大阪府婦人問題推進会議は「女性の地位に関する提言（一九七九〈昭和五四〉年三月）のなかで「人間にとって自らの力で生きるための基本は、労働する権利が保障されることである。これは両性に等しく与えられなければならない基本的人権である。しかし、今日もなお〝女性は男性に扶養されるもの〟という根づよい社会通念によって、女性の労働権は実質的に保障されているとは言えない。女性の労働権が確立されず、経済的自立がはばまれていることが、女性の社会的・精神的自立をこばむ大きな原因となっている。女性が独立した人格を形成するためには、未婚、既婚にかかわらず、自立した生存権を確立することが、何にもまして重要であり、これこそが男女平等実現の前提でなければならない」と指摘している。この提言の主旨は、表現の文言に違いはあるものの、その後、市レベルで設置されたすべての推進会議にも共通するものであった。この結果は予測できるものであったが、各地で論じる過程で意識変革、対策の具体化が進められたとみることができる。

昭和三〇年代、四〇年代と続いた高度経済成長現象は、世論調査によれば自分の生活程度を中流と思うという人が大半を占め「一億総中流」と言われ、国際的にも注目されたが、一九七四（昭和四九）年の「物価上昇の感じ方（総理府広報室「国民生活調査」）」によると総数八千百二十七人のうち、①物価の上昇が大きく生活をきりつめなければならない（二九・七％）、②物価の上昇に追いつくのが精一杯で生活を向上させるゆとりがない（四〇・一％）、③生活は向上しているが物価の上昇で将来への備えが心細い（二二・五％）、④物価が上昇してもあまり心配ない（六・〇%）、⑤不明（四・五%）と、経済状況の変化—バブル崩壊—の現実は、将来の生活設計に深刻な影響をもたらしているが、その不安は婦人に重くのしかかっていることが推測される。

厚生省は昭和五〇年代の保育行政は「量的充足から質的充足への転換をめざす」と表明した。つまり縮小政策を宣言したと言えるが、保母養成も保育所も個性的な構想のものについてはその限りでないとの姿勢を明らかにした。

個性的な取り組みとは何を意味するか、その一つは昭和三〇から四〇年代を通じて要求の高かった乳児保育に代表される就労と子育ての両立支援に関するものであり、いま一つは心身障害児の保育であった。

（2）障害児保育

乳児保育も障害児保育も保母養成の課程に組み込まれていないこともあり、とくに障害児保育に対して実践を担う保育者集団の危惧と抵抗は強く、保護者の切実な要求は容易に受けとめられなかった。一九七三（昭和四八）年、中央児童福祉審議会は「当面推進すべき児童福祉対策について」（中間答申）で「障害児についての従来の考え方においては、その種類と程度に適応した特別の対策が必要とされてきた。しかし、最近障害児に対する一般社会の理解、早期発見、早期指導の施策が向上してきたことに伴い、障害の種類と程度によっては障害児を一般の児童と隔絶することなく社会の一員として、むしろ一般の児童も障害児と接触する中で障害児に対する理解を得ることによって人間として成長する可能性が増し、そのことがまた、福祉の理念の涵養に資することが多いことが、いくつかの実践例で示されている。そして、これを障害児の福祉をはかる今後の新しい方策とすべきであるという認識が広まり、障害児保育の実施に対する社会的要請は高まってきていると考えられる」として統合保育の構想が見られるのである。

昭和五〇年代に入り障害児保育に対する激しい要求運動が各地に拡がる中で、大阪市は、要求運動のいわゆる拠点として位置付けられ、当局は実践者の立場、それは障害児を受け入れる条件の整備の問題でもあるが、それらをふまえ受け入れ体制を整えることの必要性、また重度の場合、保育所では対応が困難であることを真剣に伝えたが、結局「実施もしないで不可能ということは納得できない」とする反論で、遂に大阪市は一九七四（昭和四九）年度から本格的に障害児保育に取り組み、一九七八（昭和五三）年一〇月には措置児数八百七十二名に達している。その間の経緯は、一九七九（昭和五四）年四月大阪市児童福祉審議会「保育所における障害児保育に関する答申」のなかに次のように記されている。「この間、障害児保育理論の未確立のなかにあって、試行錯誤の繰り返しであった。一九七七（昭和五二）年七月、現場での実践者等を中心に構成された障害児保育研究会は二十数回にわたる討論と事例検討を重ね一九七八（昭和五三）年二月にそのまとめを発表した。この報告書は過去三年にわたる現場での実践を物語る貴重な記録であり、本審議会はその労を多とするものである。この実践により、現場の保母は障害児保育について数多くのことを知り得たのであるが、同時にまた数多くの疑問が新しく生まれたのである。障害別にどのような手立てが必要か、個人別の時々刻々に変化するニーズにどのように対応せねばならないのか、そこには保母にとって多大の不安と労苦があったものと思われる。一方、家庭に閉じ込められていた障害児にとって、初めての保育所生活は、また不安と驚きの連続であったことであろう。暗中模索とも言える障害児保育のなかにあっても、多くの障害児は集団の場において生命の息吹を示したのである。このことは現場の実践者にとって貴重な体験であり、またそこで育った児童がこうした開拓的な努力に応えたものと言えよう」。それは心あたたまる内容と言える。

（3） 保育要求の多様化とベビーホテル問題

オイルショック以後、わが国の産業構造は、漸次、第三次産業（サービス産業・レジャー産業）へ移行し、既婚女性の就労の伸びとともに職種、職域の拡大、就労形態の多様化が進んだ。さらに核家族化の進行、都市部における通勤時間の一層の長時間化などが加わり、保育要求は単に量的に増大するのみでなく、質的にも多様なものとなり、保育時間の延長、夜間保育、休日保育、産休明け保育、低月齢乳児保育、障害児保育、病後児保育などを求める切実な声が高まった。しかし抑制的施策のもと、これらの多様な要求に応える具体的方途はなかなか講じられないままであった。そのため父母を取り巻く社会状況の変化につれて、認可保育所は次第に利用しにくいものとなり、「認可施設役立たず」と厳しい批判を浴びることになった。

一九八〇（昭和五五）年、ベビーホテル問題がマスコミで取り上げられ、社会問題化するに及んで児童福祉法の一部改正により無認可保育施設の指導監督が強化されると同時に、ベビーホテル乱立の背景にある認可保育所の空洞化、硬直化の実態が改めて問われ、ベビーホテル問題に対応するため応急的に、①乳児院の活用等（一九八一〈昭和五六〉年四月）、②夜間保育の実施（一九八一〈昭和五六〉年七月）、③延長保育特別対策の実施（一九八一〈昭和五六〉年一〇月）を進めたが、期待したほどの成果を得られなかった。むしろ、これらは認可保育所が取り組むべき課題であるとする声が強まった。

厚生省は保母養成も抑制策のなかで養成所の新増設、定員増は一切認められないとする方針を示したが、乳児保育、障害児保育の専門性の強化、あるいは福祉職としての力量の強化を意図する場合は、特別に配慮することを表明した。

——ベビーホテルの実態——

ベビーホテルとは、公私立の認可保育所やいわゆる保育ママ制度など、地方自治体によって公費で運営されたり、補助を受けたりしていない民間の子ども預かり業である。

ベビーホテルの利用者は、以下の二つのパターンに大別される。

1)　認可保育所の代わりにベビーホテルを活用している昼間働く母親層

①認可保育所の退所時刻が、午後四時から五時までで就労時間に対応していないが、ベビーホテルは、午後五時から六時まで預かっている。

②認可保育所では、受け入れ枠の少ない産休明けからの0歳児保育を実施している。

2)　生活困窮家庭の母親、育児能力のない母親たち

母子家庭や低所得層で、自分が働かなければ生活できない母親たちを対象に、いずれも公的援助がない代わりに、最低基準をはじめ法的な規制もなく、いわば野放しで、すべてが経営者の一存で行われることは、無視できない劣悪な処遇や死亡事故の多発を招じることになる。「公的対応の不備を引き受けていること」をうたい文句に「儲かる（営利的）育児産業」として、昭和五〇年代に爆発的に増加したことが安全面、衛生面はもちろん、子どもの情緒、言語、運動機能の発達の遅れにつながったと指摘され、社会問題として批

判の的になった。

参考図書
堂本暁子『ベビーホテル今・全調査と分析』中央公論、一九八一年。
堂本暁子『ベビーホテル　ここが問題』中央公論、一九八一年。

（4）全国レベルでの研修が実施される

1　国庫補助による保育所職員研修事業の実施

一九七五（昭和五〇）年度から、国庫補助事業は「保育所職員研修会」を実施することになり、全国保母養成セミナーもその中に組み込まれた。保育所職員研修が国庫補助金で行われることは、画期的なことであった。

この研修会は、「保育所長及び主任保母を対象として、施設の運営管理等業務の遂行上必要な教育訓練を行い、社会的要請に対応する保育者としてその資質の向上を図ること」を目的としている。

主催は、厚生省、実施地の都道府県・指定都市および日本保育協会の三者となっている。

全国保母養成セミナーは厚生省、全国保母養成協議会と日本保育協会の三者の共同主催で実施することになっていたが、内容の企画と講師陣の人選および運営など、一九八九（平成元）年度から全国保母養成協議会が実質的に責任をもって行っている。

①　保育所長の研修

一九七五（昭和五〇）年度開始、当初は地区別に実施されたが、一九八三（昭和五八）年度からは地区別を廃し、次の三種類とする。

・初任保育所所長研修会（所長経験年数五年未満の者）
・中堅保育所所長研修会（所長経験年数五年以上十年未満の者）
・保育所所長ゼミナール（所長経験年数十年以上の者、またはすでにこれまでの地区別保育所長研修会を受講した者）

一九八三（昭和五八）年度は初任二回、中堅一回、ゼミナール一回実施している。

研修内容は「関係法規等の解説」「乳幼児の心身の発達と保育の基本理念」「施設管理の理論と技術」「保育所保育の基本的性格」「教養、時事問題等」である。全国同一の科目で保育所長として必要な基本的な内容となっている。

日本保育協会のスタッフと（洞谷湖の保育所長研修）。

初任所長はこれに、「保育の内容、保育計画、育児相談」を追加して実践的内容となっており、中堅所長は「保健と安全管理」「所長の指導性と運営管理」「保育所の機能と所長の役割」等を中心に、より管理的な内容となっている。保育所長ゼミナールは、毎回主題を設定し、それに則して、いろいろな研修方法をとり入れて「今、保育所は何を求められているか」「多様化する保育ニーズにどう対応すべきか」などを多面的に論じ合う内容となっている。

② 保育所主任保母の研修

一九七五（昭和五〇）年度から一九七九（昭和五四）年度までは、北海道や沖縄など遠隔地の位置付けで年回数が定まらなかったが、一九八〇（昭和五五）年度からは「北海道・東北」「関東」「北信越・東海」「近畿・中国・四国」「九州」の五地区に固定した。いずれの場合も対象が日本全土に及ぶことを視野に入れていると言える。

研修内容については、当初は目的を「施設の運営管理等業務の遂行上必要な教育訓練」と設定し、「関係法規の解説」「施設管理の理論と技術」「乳幼児の発達と保育計画」「保育内容の研究と指導法」「教養、時事問題等」を基本に多少変化させながら全国同一の科目で実施し、どちらかというと施設管理と保育管理を統合した内容となっていた。

一九八四（昭和五九）年度からは目的の「施設の運営管理等業務」を、「保育内容の研究業務」に変更し、「乳幼児の発達と保育所」「保育所の機能と保育内容」「保育形態と指導計画」「保育所の育児相談」「乳児保育の内容と保育方法」等の科目を設定し、保育の内容と実践を主眼として、一九八八（昭和六三）年まで実施した。

保母研修（60歳頃）。

③ 保育所特別保育担当職員の研修

・障害児保育担当職員の研修（中央研修）

「保育所における障害児保育の実施に必要な専門的な知識及び技術に関する教育訓練を行い、社会的要請に対する保育者としてその資質

日本保育協会の「主任保母研修」（60歳頃）。

の向上を図ること」を目的とし、対象は原則として経験年数三年以上であって、障害児保育を実施もしくは実施しようとしている保育所に勤務する保母」とした（一九七六〈昭和五一〉年度から一九八二〈昭和五七〉年度まで）。一九八三〈昭和五八〉年以降は「障害児保育を実施している保育所の主任保母又はこれに準じる者で障害児保育の経験三年以上の者」としている。

人員は都道府県・指定都市ごとに二名程度（一施設一名）、研修期間は三泊四日の合宿制である。

研修内容は「心身障害児の発達と保育所保育」を基調講演とし、「障害児保育の指導計画」「障害児保育をめぐる今日的状況をさぐる」「障害児保育と関係機関及び保護者との連携」「特別講演」の科目を設定し、シンポジウム、演習、課題研究の方式を取り入れている。

・保育所障害児担当保母の研修

対象は「保育所において障害児の保育を実際に担当している保母」（一施設一名）、研修期間は六日間、集中的実施を原則とするが、合宿研修または一週一～二日ずつの継続も可。研修内容は、講義と討議、演習、分科会および全体会議による討議、施設見学（見学と討議）

・乳児保育担当職員の研修（中央研修）

「保育所における乳児（0歳児）保育の実施に必要な専門的な知識及び技術に関する教育訓練を行い、社会的要請に対応する保育所としてその資質の向上をはかることを目的とした。

対象は一九七七（昭和五二）年度から一九八三（昭和五八）年度までは「現に乳児（0歳児）保育を実施している保育所の主任保母又は乳児保育担当保母」としたが一九八四（昭和五九）年度からは「主任保母又はこれに準ずる者で、乳児保育の経験年数三年以上の保母」と高度化をはかっている。人員は、都道府県・指定都市ごとに四名以内（一施設一名）としている。研修期間は、三泊四日の合宿制である。

研修内容は、当初「乳幼児の心身の発達と保育の基本理念」と「乳児の特性と指導」の二つを基本講義とし、「乳児の養護と遊び」「乳児の保健と安全」「乳児保育の環境整備と指導計画」の三つの講義と分科会とした。「保育所における乳児保育の展開と方法」を中心に、最後に特別講義というパターンで実施した。一九八三（昭和五八）年度はこれをさらに発展させて、乳児の保健と安全・嘱託医との連携等、乳児の応急手当等、乳児給食の意義の三つの講義を配した「保育所における乳児の保健と安全の保育指導」を加えた。さらに一九八四（昭和五九）年度以降は、「乳児をとりまく状況を考える」というシンポジウムやフォーラムおよび課題研究の方式を取り入れ、見直しや組み替えを行った。

• 保育所乳児保育担当保母の研修（地方研修）

この研修会は開催地の都道府県・指定都市と日本保育協会の共同主催で一九八一（昭和五六）年度から実施された。当初「近時のベビーホテル増加等の状況に鑑み、保育所における低月齢の乳児の受入れ促進のため、0歳児保育・産休あけ保育の実施を予定している保育所の保母及び調理員等の資質の向上を図ること」としたが一九八三（昭和五八）年度からは「乳児保育の増大に鑑み」と修正された。

実施状況をみると、一九八一（昭和五六）年度から一九八三（昭和五八）年度までの三年間で二十七県（市）二十七回、一九八四（昭和五九）年度から一九九三（平成五）年度までの十年間で百十二県（市）で百十二回、合計百三十九回、年十回以上の実施となっている。

対象は、「開催都道府県・市内にある保育所で新たに乳児（0歳児）保育又は産休あけ保育の実施を予定している保育所の主任保母、乳児担当予定保母、調理員とするが、必要に応じて、その他の職員の受講を認める」とし、人員は一九八三（昭和五八）年まで二十名程度としていたが、一九八四（昭和五九）年度からは三十名程度とした。

研修期間は、原則として四十八時間（八日間）程度とし、地域の実情に応じて、断続的に実施するか集中的に実施するとあり、一つの研修会としては長期に及ぶと言える。

研修内容は、講義と討議、演習、実習と討議、分科会、研究討議の方式をとっている。講師は原則として開催地域における保母養成施設、関係機関の教職員、医師および乳児保育実施施設の職員等から選定するが、中央からの派遣もある。

また、研修終了後、受講者の所属する乳児保育実施予定保育所を研修指導者や都道府県（市）の保育担当等職員等が巡回し指導を行う。そのほか研修の評価や次年度初めに乳児の受け入れ状況等について「効果測定」を行うなど、研修ばかりでなく、その後の評価を義務付けたことが大きな特色と言える。

国庫補助事業は保母養成セミナーを含む保育所職員研修の実施であり、とくに諸般の緊迫した状況のなかで、見切り発車を余儀なくされた保育所特別保育担当職員の研修を重視したこと、さらにその研修効果ができるだけ日本全土に及ぶこと、しかも常に内容の高度化を意図していることは、厚生省の決断と積極的な努力のあらわれと共感することができる。昭和五〇年代は質的充実を図ると宣言したことの実現ともみることができるが、利用者の要求を量的にも質的にも十分満たすことはできなかった。

しかし保育界に研修の重要性を意識付け、実施を活性化した。

2　日本船舶振興会補助事業　日本船舶振興会から、モーターボート競走の収益金の一部を、日本保育協会を受け皿として「全国の保育所の水準をより一層高めることが社会の要請となっているので、このために必要とする各種事業を行い、保育事業従事者の資質の向上を図り、児童福祉の向上に資すること」を目的として一九七四（昭和四九）年度から順次、補助事業を開始した。①地区別保育所主任保母研修会、②保育指導書の発行、③永年勤続保育者表彰、④視聴覚教育用の機器配備事業、⑤乳幼児の保育と医学の研修会、⑥指導保母の海外保育事業研修、⑦「地区別保育所公開保育実践研修会」、⑧「子どもを伸ばす両親講座」、⑨「親子のふれ合い広場（大会）」、⑩「保育園児と老人とのふれあい活動に関する調査研究」、⑪「保育所保育・保健研修セミナー」、⑫「自然の見方・かかわり方実践研修会」などであり、大きく貢献したがこれは特殊性をもつものであり、必ず今後に続くものとはいえない。

参考図書

『日本保育協会三十年の歩み』社会福祉法人日本保育協会、一九九五年。

二　思い出

（1）男女同権の現実

大阪府婦人問題推進会議の初会合は、まず委員長の互選から始まり、話し合いの結果、大阪府立女子大学教授大和チドリ氏が満場一致で推挙された。ところがその後の委員長あいさつの時、大和氏は「立派な殿方が多くいらっしゃる中で……」と発言した。大和氏は、婦人問題に造詣が深い実力派男性がいる中で委員長を受託することに対する自然な表現だったのだと思う。だが、とたんに〝殿方はないでしょう〟と笑いや指摘がわきおこった。その時、私は苦い体験を思い出し、改めてそれからもう十年余が過ぎていることを思うのだった。

それは学生運動のさ中だった。学生課長が東京に転出され、教授会で後任人事が議題となった。当時、大阪社会事業短期大学は学生課が設置され、学生課長は古参の助教授のなかから学長が指名することになっていた。だが学長は、席上で該当する助教授に「どうかね」と個別に意向をたずねた。考えればそれ程指名がむずかしい段階にきていたとも言える。ところが一人、また一人と健康上の理由や、直面している研究や仕事の関係などで辞退を表明する。私は次第に平静を欠いてきた。日頃、学生の主張に理解を示し、よい関係を保っていると思っていた人の反応とは思えない。多分これからは対立を余儀なくされるであろう場面に対して自衛的だとも思われるのだった。その時、突然、学長は「待井さんはどうかね。あなたなら母性的雰囲気があるから、学生たちも無茶はしないだろう」と、白羽の矢ならぬ、お鉢がまわってきたとしか思えない成り行きに、私が言った言葉は、

「こんなに次々と男性が辞退されるのに、何故、女性の私がしなくてはならないのですか」であったと記憶している。するとすかさず「うちは、男女同一労働、同一賃金で運営されている。女性だからできないとは言わせない」という論点で男性陣は一致団結、辞退組まで一緒に攻撃してくる。はっと気付いた時はもう遅かった。公立短大の特徴の一つは男女共学である。しかし保育専攻には男子はいない。接する機会も限られている危惧など、もう言えるどころではない。そこに小さい紙片がとどけられた。あけてみると「先生がこのままできないと言えばやっぱり女性はいつまでたっても〝だめだ〟ということになる。できるだけの応援は惜しまないから、やって下さい」とあった。いつの間にか、それも一瞬ともいえる状況で、問題は待井個人ではなく「女性問題」になっているという実感をもった。「よく考えて明日返事をする」と約束して帰宅した。夫には「学生課長（二年間）を受けることになりそうだ。こんな時だから何かあれば学生が家まで押しかけてくるかもしれないけれど」とだけ話した。夫は「やらなければならないことは、やりなさい。しかし君は二年はもちそうもないから、一年だけで認めてもらうといいと思う」と言った。翌日、学長にその旨を伝えると「一年でいい、道が開けた」とほっと喜ばれた姿が今も目に浮かぶ。そしてそれからの一年間は、本当に貴重な経験だった。階段教室に呼び出され「施政演説？」をと求められ、教授会規則に基づく学生課長の任務と立場を述べ、力を併せて問題解決をしようと呼びかけたが、「お前、それでも学生課長か」「皆さん、これが学生課長の見解ですよ」と指さされた。階段教室は教卓の後がドアになっていたのをこれ幸いと、一瞬のチャンスをとらえて階段をかけ降り、迎えに来てくれた教官たちに囲まれ支えられるようにして研究室にもどったことを皮切りに、二度とできない多くの経験をしたことを、今は大切な宝と思い感謝している。

（2）四年制昇格と保母養成

一九四五（昭和二〇）年の終戦後、社会福祉の専門の大学を設置すべきだと進言したのはＧＨＱである。その構想は Graduate School であったという。しかしその真意が生かされず、「府民は College を求めている」という立場で大阪府が短大を創ったとも伝え聞いている。当時から四年制大学への昇格の志向は強く、産業福祉科の増設、大阪府立保母学院を統合し、社会事業科に保母養成課程を設置、研究科を専攻科に改組するなど規模の拡大、充実を図ったが、なかなか昇格の実現には至らなかった。四年制の社会福祉学部の実現に結びつく直接的な運動が始まったのは、一九七一（昭和四六）年重松俊明京都大学名誉教授の学長着任以後であった。さらに教員スタッフの充実に基づき、四年制大学の実現に向けて飛躍的な一歩がふみ出されたのは一九七七（昭和五二）年、岡村重夫大阪市立大学名誉教授の学長着任からであった。

ある日、私は学長室に呼ばれた。その第一声は、思いもかけず「待井さん、あなたは考え違いをしているのではないか」だった。学長は「本学は社会事業短期大学であって保育短期大学ではない。だけど挨拶に行く先々で、話題は保育のことばかりだ。これを何と思っている」と言われた。「だからこそ社会事業科の四年制昇格が皆の悲願なんです。就職試験の条件も今は四大卒です。社事短は創立以来の功績というか実績で特別枠で受験が保障されているんです。でも保育は違う。学卒保母では充足できず、試験保母が今なお、大きな比率を占めている。養成校も民間立を主流とする保専による状況だから、公立の大阪社会事業短期大学の保母養成が注目される。また、それは何よりも卒業生の活躍がものを言っているのです。そこで本学全体が四年制化して卒業生の活躍の場を拡げたいのです。保母は直接処遇が本務だが、社会情勢の急激な変動のなかで、対子どもだけにとどまらず、親、地域社会も視野に入れた保育の実施が必須の課題となっている。これからは保育課程も四年制での養成が必然の課題だと私も懸命だった。というのも「大阪府立大学に統合し社会福祉学部を設立する」という共通目標のなかで「保育課程切り捨て論」はあなどれない力で動いていたからである。私は今からでは四年制が実現したときは、定年になり新しい構想の人員構成ではノーカウントの立場である。したがって、さまざまな実際的な動きには直接参加していないが報告によると、府大では「大阪社会事業短期大学は女性の教員が多い。厳しさに欠けるのでは…、やはり教育・研究が低水準にあるのでは…など、危惧が出されたという。また国家試験とはいえ、短期に応急的に資格をふ与するようなものを何故、総合大学の大阪府立大学が統合しなければならないのか。保母養成を切り捨てることが統合の条件である」など。だからこそ四年制昇格によってスーパーバイザーの養成を考えるべきだとする積極的な見解は少数派に追いつめられ、「府大統合に際しては最低でも大阪社会事業短期大学の現状をくずさない」とする教授会の決議もおびやかされる情勢のなかで、最も恐れたのはこの機を失うことであった。法に基づいて保母養成課程に出される補助金も「対象は社会事業科全体に及ぶものであるべきだという論理にも異論をとなえるゆとりを失う程だった。むしろ四年制での保母養成

力をあわせて公立4年制で保母養成を実現した。
左上から，泉千勢，安藤忠，里見恵子，野澤正子，筆者，川原佐公。

を支援し指導したのは、国（厚生省）であった。大学の作成した分厚い申請書類を細かくチェックした付箋をもとに質疑応答を繰り返し、「これでいいでしょう」と横井和子児童課長と鈴木政次郎保育指導専門官がうなずき合った時は、本当にほっとし全身の力が抜けるようだった。「これから寛いで、何が困難だったか、課題などを話し合いましょう」というねぎらいも、私はそれどころではなかった。この結果を府大にとどけるのは午後二時なのだ。正午の空便に間に合わなければならない。「厳しくこまごました審査だったのは、この例が今後四年制で保母養成を行う場合のモデルになることを考えたのです」と仰る課長の言葉を思い浮かべ緊張の和らぐ思いを味わったのは帰路の航空機の中だった。

「待井さん、社会福祉の重要な担い手として、保育課程は共に四年制に加えることを最終決定したよ」との岡村学長の言葉は重く胸にひびいた。そして一九八一（昭和五六）年四月に大阪府立大学社会福祉学部として、皆の意志統一は実現したのだが、根本的問題は未解決のまま、保育課程「切り捨て」は潜在的にくすぶっていた。それは養成教育が四年制大学機構になじまないことにあった。その第一は四年制における養成カリキュラムはこれまでの二年制と同一で独自性がないこと、つまり四年制における保母養成像が不透明ということになる…。

保母養成関係の教員グループの要望で私も参加して大阪府の大学係に現状説明を求めた。「まだ移行したばかりだが、将来構想をもって努力を重ね存在感を確立することが重要だと思う。実は農学部は、毎年の府議会で廃止論が出された。大阪府のどこにたんぼがあるか？とまで言う場面もあったが、耐え抜き、バイオの時代を迎えて今はそんな経緯は消えている」と話されたことは、笑いながらも胸をうった。

大阪府立大学の保母養成の構成は安藤忠教授、野澤正子教授を中心にこれまでの「乳児保育」に加えて「障害児保育」を核とすることで意思統一をはかり、これまでの実践と実績をもとに障害児保育論、ダウン症児保育の著書を出版した。さらに現行養成カリキュラムに基づきながら、ダウン症児の親のグループ指導に取り組むなど将来像の明確化が進んだ。保母養成が社会福祉学部のなかに位置付けられたのは右田紀久恵初代学部長の強力な支援があったことを忘れることはできない。

聞くところでは、保母養成統合に反対したのは経済学部、工学部で、農学部、総合科学部は賛成だったとか。そのことは私が大阪社会事業短期大学を定年退職するとき、私のこれからに決定的な影響をもつことになった。総合科学部長として、保母課程の統合を支持した井上善太郎総合科学部長は四條畷学園女子短期大学学長となり、保母養成課程の設立に苦闘していた。何とか道を拓いてほしいというのである。岡村学長は〃お礼奉公だよ〃とジョークにまぎらわせているが、当時、国は門戸を堅くとざしていた。遂に私は既に就職が確定していた大学に不義理を承知で諒解を得て、四條畷学園女子短期大学に入り、個性的保母養成であること、大阪府下東部地区に同種の大学がないこと、幼小中高の一貫教育の歴史があることなどを武器に設置を実現することができたが、その後の私の処遇について、思いもかけない負担を四條畷学園にかけていたことを知り、自責の思いを抱いた。

よく大阪社会事業短期大学時代、男性教官に「女性は単細胞でことの裏側がよめない。先の見通しが弱い」と言われたが、自分の意思表示やその行使には、〃一票〃の権利しかないこと、さまざまな場面で自らの動きが協力票につながることの重さをしばしば身にしみて味わうのだった。私が定年を迎えたとき、大阪市立の百五十カ所の保育所の三分の一、約五十カ所の所長が大阪社会事業短期大学の卒業生であることを知り、身のひきしまる思いを味わった。

文部省の「家庭教育研究会」のメンバー（昭和50年代）。

（3）「母親の就労と家庭教育」に関する調査

日本有職婦人クラブ全国連合会（ＢＰＷ）という世界に通じる組織がある。私は誘われて大阪支部会員になった。支部組織は各地にあるが、会員は多くない。一人一人はそれぞれに働く婦人としてめざましい活躍をしているが、なかなか横の連携はむずかしかった。

ＢＰＷは「現在、勤労婦人がかかえている問題は、実にたくさんあるが、その中でも育児責任と職業との両立は別して重大であり、いろいろな角度から調査研究されなければならないものである。勿論このことは女性のみでなく、男性を含んだ両性の問題であるが、婦人が母性機能をもっているということからとくに育児・家庭教育の問題は女性にとって深刻であり、それらの問題に対して、婦人の手でなんらかの方向付けを探るために「母親が職業をもっている乳幼児の家庭教育の現状と課題について―０～十歳」を第一に、つづいて「母親の就労と家庭教育に関する調査」十一～十四歳、十五～十九歳、二十～二十五歳までの調査を、「文部省民間社会教育活動補助事業」として四年間にわたって行った。研究体制づくりの弱いＢＰＷでは調査の整理を大阪府立大学社会福祉学部の学生の参加・協力によったが、その中で多くの課題を把握することができた。調査結果について教育大の学生に共働きの母親に対して消極的・否定的回答が多かったことや母親が主婦専業（不就労）の家庭環境にいる男子学生が「意識としては女性の就労については認めるべきだ」としながらも、現実は従来通り「内助の功」を期待していることに、女子学生は失望感を抱いていた。女子学生の場合、親の就労の状況による差はなく、いずれも就労を強く希望しているが、できれば「子どもが小さい間は仕事を一時中断して、職場復帰・再就職を図る」というのが多かった。

この調査から四半世紀を経過して、とくにわが国の今の実態とどう関連しているのか改めて追究する必要があると思う。

この調査は文部省の補助事業として実施されたが、その時、文部省は「家庭教育一般と言えばよいか、その調査研究はあるが、母親の就労と家庭教育に関する調査研究はほとんどないので期待している」と述べた。しかし働く婦人からは、「切実な生活課題を見据える真剣さが弱い」「ベビーホテルが乱立しているのを、よそ目で見るのではなくて、もっともっと真剣にそういう問題を考えていくべきだ」との指摘があった。

たまたま大阪府児童福祉審議会は、認可外保育施設を運営しているグループから「現場を見に来てほしい」と要請を受けた。そこまでしなくても行政が対処するとのことだったが、私は応じることにした。乳児・年少児を対象とするところをみたが、進んで視察を申し出るだけあって、個別の生活スペースを確保し、成長の記録をベッドの柵に下げ、給食献立表も黒板にはっているなど、手落ちなく行きとどいている。しかしマンションの部屋を活用しての試みである。外部との連絡はドア一つである。まさかの時の避難のむずかしさを思わずにおれなかった。もう一つは元幼稚園の園長が自宅の二階を居住部分とし、一階部分を保育スペースとして活用している例だった。環境構成にも創意工夫があり、「庭」は近くの空地を利用するなど行きとどいている。なお家族の協力が特色となっていた。いずれもその実績を評価する自治体の援助を期待していた。ここでも自助・共助・公助のあり方を考えさせられた。

(4) 〝安心の時代〟に助けられて

ふり返ると、昭和四〇年代はまだまだ行動範囲が大阪を中心に関西一円や西日本ということで、卒業生の応援もあり、時間的にゆとりもあって、スムーズに動くことができたが、昭和五〇年代に入り全国レベルの取り組みになるにつれ、地区別研修にとどまらず、県↓市↓町と対象が拡がり、内容も研修から調査・研究と多様化し、中には年間通して毎月とか、結果を本にするなど高度化して私の手に余ることを実感しながら、現場の熱意に一緒になってのめり込む状況が続いた。

「取り組んでみて、課題が理解できた」「私たちの実践がこんな理論につながるのか」など、生き生きと変容していく姿、また初めは歴然と認められた地域格差が次第に縮小する現実、さらには私自身いろいろなことに気づき学ぶすばらしさに充実感を味わった。次世代育成という願いを込め大阪社会事業短期大学保育課程第一期卒業の川原佐公氏や第四期卒業の福岡貞子氏に協力を求め他大学の若い教師の参加を要請し全国レベルでの研修をつづけた。

幾度か行く間に長崎県や鹿児島県では離島をめぐって研修し、その中で自然に名勝の地を訪ねていて恵まれた旅でもあったが〝よくまあ無事で〟と胸をなでおろす思いも度々あった。私個人のうっかりミスもあれば、交通事情や台風など自然の異変もあった。

それは年度は忘れたが、お盆の前日のことだった。大垣市で研修を終え東京に向かった。その夜は新潟で一泊、翌朝、連絡船で佐渡に渡るスケジュールだった。当時新幹線は上野止まり、北行きの新幹線に乗るには大宮まで行くのだが、上野から大宮まで「リレー号」が走っていた。上野駅で「この列車は新幹線の最終に接続しますか?」と駅員にたずねたら「ハイ」との返事である。でも、なかなか発車しない。何とそれは東北新幹線最終に接続する列車で、新潟行きは少し前に出発したという。しまったと思ったがどうにもならない。在来線は「坐れない」覚悟でないとだめだとのこと。私は大宮駅前でタクシーに乗った。予想に反してタクシーはよどみなく快適に走る。とてもだめだと言っていた運転手も「これなら行けますよ」とご機嫌だったが関越高速はまだ全通していなかったので、高崎あたりから一般道路になったら、ノロノロと動かなくなり、運転手も「もうだめだ」とお手あげ。切羽詰まった私は地元のタクシー会社の本社に行ってもらった。事情を話すと「分かりました。新潟方面に強い非番の運転手がいますので、何とかなるでしょう」とのこと。待つほどもなくその人が来る。大宮の運転手もほっとして別れた。バトンタッチをした運転手は、どんどん山の中に入っていく。下をみると一般道路はテールランプの帯である。「あなた、この道、あの人たちにも教えてあげたら」「教えて分かるものならネ」と彼は言う。ほとんどあかりのない山の中、カチャカチャとやけに早い料金メーターの音。私は成り行きにまかせる他はない。「お客さん、疲れるから眠っていて下さい。新潟に入ったら起こしてあげますから…」と言ってくれる。そこからお互いにだまったまま。「あっ、お客さん新潟に入りましたよ」という明るい声に外をみると、夜明けの気配である。何と大胆な。乗せる方も乗せる方だが、乗る方もよく乗ったことだと思ったが、どうしてとっさにタクシー会社の本社に行くことが頭に浮かんだのか、新潟県のあちこちから集う会のことだけに何とかしなくては…という思いでいっぱいだった。こんなことは一回きりだったけれど、夜中に目的地についたり、夜明けだったり、最終便にかけ込んだり…航空機のレーダーの故障は何度か経験したが、その都度〝すべり込みセーフ〟でここまできた。その間ストレンジャーにどれだけお世話になったことか。人を疑うことは全くと言ってなかった。安心できた時代だったと思う。今は「安全」を第一に動いているが、やはり人の心づかいが身にしみる。でも前には感じたことがない漠然とした不安が心にかげりをつくる。追いつめられた不安ではないことに、社相の変化を思う。いつどうしてこうなったのか。真剣に考え、安心の時代、社会の構築を幼い時から、大人が子どもと共に心がけなくては、とそれができる保育の場を大切にしたい。

昭和五〇年代は実に多忙を極めた。都道府県庁所在地にとどまらず地方都市や町に及び研修・研究に関わり充実した時を過ごした。

第五期　昭和六〇年代（一九八五～一九八八）、平成元年～六年（一九八九～一九九四）

――保育制度の革命的転換――

一　主な制度・施策・社会の動向

一九八六（昭和六一）年一二月	保育所入所措置の団体委任事務化法（地方公共団体の執行機関が国の機関として行う事務の整理及び合理化に関する法律）成立。
一九八七（昭和六二）年一月	「保育所は当該保育所が主として利用される地域の住民に対して、その行う保育に関し情報の提供を行うように努めなければならない」（児童福祉法第四十八条の三）。
一九八九（平成元）年三月	「幼稚園教育要領」改訂告示。
一九九〇（平成二年）年三月	「保育所保育指針」改定通知。

一九九一（平成三年）年四月	保母試験の受験資格が短大卒業程度に引き上げられる。保母養成課程の改正。
一九九二（平成四年）年三月	文部省「学校五日制の実施について」通知。
一九九三（平成五年）年四月	厚生省、これからの保育所懇談会「今後の保育の在り方について」提言。
一九九四（平成六年）年一月	保育所問題検討会報告書、両論併記。
一九九四（平成六年）年五月	国連による子どもの権利条約の批准案可決・成立。
一九九四（平成六年）年一二月	文部・厚生・労働・建設各省「今後の子育て支援施策の基本的方向について」（エンゼルプランの策定）。

（1）措置費に対する国庫補助率の引き下げ

経済成長の低下に伴い、行財政改革の動きがあわただしくなり、国と地方の機能分担や費用分担のあり方が改めて問い直された。一九八五（昭和六〇）年度は国の財政状況が危機的段階にあることを理由に、地方自治体に一部肩代わりを求め、暫定措置として十分の八の国庫負担率は一割カットされ十分の七となった。しかし、一九八六（昭和六一）年度はさらに三年間の暫定措置を条件として、十分の七は十分の五に引き下げられた。当時、福祉関係者の間で、子どもの祝いごとになぞらえて「七・五・三」という言葉が交わされ、保育所の補助率は三割になることが危惧され、保育界はこれを国の経済優先施策として反発した。しかし、保育所という名の幼稚園的運営をしながら措置費を獲得していた地方行政の姿勢に対する批判が高まり、私立幼稚園の攻撃の標的とされるなど、復活どころか辛うじて十分の五を保持するにとどまった。

（2）団体委任事務化法の成立

いわゆる「行政一括法」の一環として、「団体委任事務化法」が成立し、一九八七（昭和六二）年四月から保育所入所措置や費用徴収に関する業務が市町村で行われることとなった。改正の趣旨は、地方公共団体の主体性、自立性を尊重しつつ、地域の実情に合った総合的、効率的な行政の実現と事務運営の簡素化をはかることにあった。しかし、保育界は国庫補助率の引き下げと連動して、保育行政から国が撤退しようとしていることの表れであるとし、また、いわば自由化された形に対し、各市町村が保育行政をどう考えるのか、格差が生じることへの危機感をもった。これに対し国は児童福祉法施行令の一部を改正して入所措置基準を決定し、市町村はこの政令基準に従い、条例を定めることとなった。規定の趣旨そのものは、国も地方自治体も従来の入所措置基準と変わらず、条例による地域格差は全くみられないが、運用の実態には格差が生じることが懸念された。

（3）少子化対策

昭和は遂に一九八九（昭和六四）年一月に終わりを告げ、平成に移行した。世界に類をみない急激な高度経済成長は、一方では物質的な生活水準を向上させたが、その陰の部分でさまざまな問題の発生が指摘され、警鐘もならされていた。

とくに平成に入って保育問題が俄かに関心をよび、矢つぎ早に提言やこれに基づく新たな施策が打ち出されたのは国連における「子どもの権利条約の採択」（一九八九〈平成元〉年）、わが国における批准（一九九四〈平成六〉年）、国連の国際家族年（一九九四〈平成六〉年）などの動向が大きく影響しているが、何といっても一九八九（平成元）年の一・五七ショックに象徴される合計特殊出生率の低下が契機であると言える。

二十一世紀は超高齢化の社会である。次代を支える子どもの数の減少を厳しく直視した政府は、一九九〇（平成二）年八月、十四省庁による「健やかに子どもを生み育てる環境づくりに関する関係省庁会議連絡会議」を設置し、一九九一（平成三）年一月に検討結果を発表している。これを受けて具体化をみた大きなものが児童手当制度の充実（一九九二〈平成四〉年）と育児休業法の導入（一九九一〈平成三〉年）であるが、少子化の歯止めにはなり得なかった。

（4）主な提言・報告

1 「これからの保育所懇談会」報告書（一九九三〈平成五〉年四月）

厚生省は、一九九二（平成四）年六月、児童家庭局長の私的諮問機関として「これからの保育所懇談会」を設置し、その検討結果は「今後の保育所のあり方について――これからの保育サービスの目指す方向――」（提言）として報告されている。この報告書は、保育所のあり方について、機能面から追究し、理念を明らかにしたものであり、「はじめに」と「おわりに」と十項目の各論で全体が構成されている。各項目はそれぞれ独自の課題をもつが、これからの保育所機能のあり方は、仕事と子育ての両立を支援する機能の強化と、地域社会における子育て支援サービスを主柱とするものであり、他の項目は並列というより関連する事項ととらえられる。ともあれ、これからの保育所は、法に規定された伝統的、定型的な保育事業の充実と、地域の子育て家庭にも門戸を開き、家庭養育を積極的に支援する非定型的な新しい機能を併せ持つべきことが提言されている。全体として、副題の「保育サービス」という言葉に見られるように、利用者サイドに立つ姿勢を基調としている（保育所の多機能化）。

2　保育問題検討会報告書（一九九四〈平成六〉年一月）　「これからの保育所懇談会」は、もともと制度改革をも視座に置いていた。ところが一九九三（平成五）年度の予算編成過程において、公立保育所保母の人件費を地方交付税に組み込む構想が表面化したことから、保育制度のあり方に関する検討がなされることになり、厚生省事務次官によって「保育問題検討会」が「懇談会」と平行する形で設置され、報告書が提出された。しかし、その内容はいわゆる「両論併記」となって世論を沸かした。一つは措置制度が歴史的に果たしてきた役割を評価しながらも、保育サービスに対する国民のニーズが多様化し拡大するに伴い、現行措置制度では対応できず、結果的には、保育所の役割が十分果たせないことを指摘し、保育所の空洞化、硬直化の原因が措置制度にあるとして、一部自由契約の導入を主張するものである。いま一つは、保育に欠ける児童に対する公的責任については、措置制度でなければ果たすことができないとして措置制度の維持、拡充の必要性を主張するものである。

3　エンゼルプランの策定（一九九四〈平成六〉年）　厚生省は、一九九二（平成四）年一〇月、児童家庭局の研究会として「たくましい子ども・明るい家庭・活力とやさしさに満ちた地域社会をめざす21プラン研究会」（子どもの未来21プラン研究会）を発足した。一九九三（平成五）年七月の報告書は、児童家庭施策の将来方向の大枠を示すものである。今後の方向を要約すれば、子育てを行う家庭に対する幅広い観点からの支援対策の強化推進である。

こうした流れは、文部省・厚生省・労働省・建設省の四省合意により策定された「今後のための施策の基本的方向について」（エンゼルプラン）へと結実し、その具体化の一環として、厚生・大蔵・自治の三大臣合意による「当面の緊急保育を推進するための基本的考え方」（緊急保育対策事業等五か年事業）が策定され、予算化が実現したのである。合意内容のポイントをみれば、基本的方向は子育てと仕事の両立支援と家庭における子育て支援が中心となっており、次にみるように、保育所に大きな期待が寄せられていることが分かる。

- 低年齢児保育の推進
- 多様な保育サービスの促進（時間延長型保育、一時的保育、放課後児童クラブ、産後休暇・育児休業明け入所の促進）
- 保育所の多機能化のための整備
- 乳児保育、延長保育等を推進するため、保母設置を充実
- 保育料の軽減
- 子育て支援のための基盤整備（地域子育てセンター）
- 母子保健医療体制の充実（乳幼児健康支援サービス、地域における母子保健体制の整備）

エンゼルプランでは、保育制度そのものには触れていない。しかし、重点施策において「多様な保育サービスの充実」に関し、「保育制度の改善、見直しを含めた保育システムの多様化、弾力化を進める。その際、駅型保

育、在宅保育サービスなどの育成、振興を図る」としていることが関心を呼ぶ。

すでに、一九九一（平成三）年には全国ベビーシッター協会が厚生省から社団法人として認可されている。また、一九九一、一九九二（平成三、四）年度に保育ニーズが多様化、高度化する中で、そのしくみや現状から公的サービスが対応しきれない多様で個性的なニーズの受け皿として、成長してきた民間の児童関連サービスの事業者および利用者の実態把握を試みている。そして一九九三（平成五）年五月、今後講じていくべき民間サービスに資するための実態把握を試みており、今後講じていくべき民間サービスに対するための「児童関連サービスを施設型保育サービス、在宅型保育サービス、付帯型保育サービス、児童関連直接サービス、児童関連生活サービスに類型区分し、とくに保育分野に関係の深い、施設型サービスと在宅型サービスについて、公的サービスと民間サービスを対立的に捉えず、むしろ両者の連携を図りつつ、広い視野で総合的に考えていくことが必要であること。今後は行政としても質の向上をはかるために支援を行うこと。が重要である」としている。

4　第二次「保育所保育指針」の刊行（一九九〇〈平成二〉年）

第一次「保育所保育指針」の刊行（昭和四〇年）以来二十余年がたち、その間にわが国の社会にはさまざまな変化が生じている。その影響は、子どもを取り巻く直接の環境である家庭や地域社会にも大きな影響を及ぼし、育児・教育力の弱体化を招いている。そのことは子ども自身の発達にも影響して「幼稚園教育要領に関する調査研究協力者会議」が行った実態調査（一九八六〈昭和六一〉年）によれば、①間接情報のみで生の体験に乏しい幼児、②基本的な生活習慣ができていない幼児、③自発的に遊べない幼児の増加等の問題が指摘されている。一方、幼稚園教育実施上の問題として、①幼稚園教育は発達の個人差に応じて展開されるものであるが、実際の指導の上では、一定の到達度に向けて一斉保育形態がとられ、発達に即した配慮が必ずしも十分なされていないこと。②近年の少子化や幼児減少と保護者の要望などとの関連で、知識、技能の獲得を急ぐなど、いたずらに競争心を招いている傾向もみられるようになっていること。③教育要領の理解不足があり、とくに教育内容に示された六領域を小学校における教科内容と同様に受けとめた教師主導型の指導が行われる傾向もあることなどがあげられている。

これらは幼稚園に限ったことではない。保育所にも共通しており、保育所はその本質的機能に照らして、一層問題は深刻であると言える。

「保育所保育指針」において保育に欠ける子どもを対象とする保育所保育の基本的性格は「養護と教育が一体となって、豊かな人間性をもった子どもを育成するところにある」と明記されているにもかかわらず、養護の軽視が生じ、保育要求の多様化には消極的、否定的な対応を示すなどの保育所保育のあり方に厳しい批判が寄せられた。

幼稚園と保育所はそれぞれに、自らの保育のあり方を反省し改訂し、「幼稚園教育要領」は一九八九（平成元）年に告示、「保育所保育指針」は一九九〇（平成二）年に各都道府県、指定都市に通達された。

改訂の主眼はともに保育者主導型の保育から、子どもの主体性を中心とする保育をめざすことにあった。加えて「保育所保育指針」は養護の充実を強調し、保育の独自性を打ち出している。

5　保母養成課程の改正（一九九一〈平成三〉年）

この改正は、一九九〇（平成二）年刊行の「保育所保育指針」の子ども観、保育観に基づくものであり、大学審議会において進められていた大綱化と弾力的運用を目指す短期大学設置基準の改正に十分配慮するとともに、幼稚園教諭養成を規定する教育職員免許法および同施行規則の改正との調整を意図している。

改正された養成課程は必修の専門科目、選択必修科目、基礎科目の三部門構成となっている。①必修の専門科目は別表として教科目名（十五科目、四十七単位）が告示された。②選択の必修科目は開講すべき科目数（すべての系列にわたり八科目以上）と単位数（二十単位以上）及び学生が、その中から履修すべき科目数（五科目以上、十一単位以上）のみ規定している。選択必修科目名（十六科目、三十八単位）は通知の別表として示された。

すなわち二年制を主体とする保母養成校がその制約のなかで養成課程の編成にあたって独自性と主体性を示すことができるように配慮し、今日の社会の保育ニーズに応え、保母の職務の特質に即した専門性の高度化を意図したものである。その特徴として、基礎科目は、十単位。保健体育と外国語科目を含み、従来の一般的教育科目に相当するが、人文科学系・社会科学系・自然科学系などの系列ごとの履修科目数や単位数の指定もなく保育者となるために専門的な学習をする学生に必要な教養を身につけるための科目であり、各校の教育方針を反映するものとも言える。一九七〇（昭和四五）年以降、養成課程の教科目は、福祉、保育・教育、心理、保健など、学問の系列に沿って編成されてきたが、今回は「保育の本質・目的の理解」「保育の対象の理解」「保育の内容・方法の理解」など、保母養成という教育の目的に即した系列で編成して、養成教育全体のなかでの教科目の位置付けの明確化をはかっている。これによって従来から問題となっていた、教育内容の偏りや重複を解消することが期待される。選択必修科目は、系、科目数と単位数のみ示し、「科目指定なし」という方針は、各養成校独自の考え方による養成課程の実施を一層容易にするものと言える。必修科目には、新しく「障害児保育」「家族援助論」が加えられた。とくに「家族援助論」は保育所が地域の子育て支援への機能を果たすことが期待されている近年の動向から設けられたものである。「保育内容」が告示科目では演習六単位となり、具体的科目名の指定はない。

保母養成では、養護に関する基礎的事項と保育内容五領域にわたって必ずしも領域別ではなくても、総合的な教科を設置することも、重点的に選択して個別化を進めることもできる柔軟性、弾力性をもたせている。基礎技能についても同じである。保育実習を一層重視し、事前・事後の指導をはっきりと位置づけ、必修五単位と選択必修二単位となっている。入所施設の実習は一種類の入所施設でよいことになり、じっくり取り組めることになった。

昭和は昭和天皇崩御で終わりを告げ、年号が平成と変わったが、それは同時にわが国に大きな変動――少子高齢社会の到来――を告げた。予想を超える合計特殊出生率の低下は、一・五七ショックとなり国をあげて少子化対策が打ち出され、以後保育施設制度の革命的な変革が進展することとなった。

二　思い出

(1)　保育料値上げに関する公聴会で

措置費に対する国家補助費が十分の八から十分の五に削減されたことは、当然のことながら地方自治体の負担増となる。大阪府下八尾市で保育料に関する公聴会を実施することになり、住民台帳をもとに、客観的・機械的に子どもがいない家庭、幼稚園に就園している家庭、保育園在園児の家庭、幼・保いずれかに就園させたいと思っている家庭などを選び、出席の諾否をたずねた。選ばれた人はほとんど抵抗なく出席を承諾した。当日はひどい雨にもかかわらず、全員出席で関心の高さを思わせた。各人各様と言うべきか、保育料に限らず、保育所そのものについての意見があり、むしろその方が多かった。一例をあげると「自分は夜間、大型トラックで物資の輸送をしている。トラックの置き場所、出入りその他を考えて会社は市のはずれに設営されており、危険をさけて一階がトラックの駐車場、二階が住居になっているが、周りに一般住居はなく安全な遊び場がなく友達もいない。このまま小学校に行くのは問題だと思い、市役所に保育所への入所を頼んだが、「〝母親が就労していない〟ので入所は認められない。」といって、情況を説明しても受けとめてくれない。「理由が不十分である」と言われたと朴とつな語り口ながら懸命に訴えていた。

保育料値上げについては、利用者は勿論反対を表明する。共働きでも親に仕送りをしなければならないなど、さまざまに家の事情がある。家庭で子育てに取り組んでいる親のなかには「子どもを家でみるということは、経済的負担が大きい。おやつ一つ取り上げても一日二百円では足りないこともある。保育所ではおやつ、給食も出してくれるし、しつけをはじめ、いろいろなことを教えてくれる。今の保育料は決して高くない」「もっと高くても、保育所に入れたい」などと述べる例もあった。年配の人は「小さい間は親が家でみることがいい」と言われたが、「保育所を利用させたい」「入所している人が羨ましい」という訴えが強かった。

(2) 朝日夏季保育大学で

平成になると、福祉制度改革の動きが強まってきた。保育に焦点をあてると、「何故、保育所の入所を就労家庭の子どもに限るのか」「在宅の親も社会活動をする権利があるはずだ」という新しい生き方を求めるものもあれば、核家族が地域のなかで孤立し、育児不安に悩む母親、さらには育児ノイローゼになっている母親もいる。先に述べた「21世紀子どもの未来プラン」の報告書のなかで社会が「家庭で育児に専念していることを幸せな親、幸せな子どもと考えてきたことを問い直すべきだ」と述べているが、子どもを取り巻く子育て環境のもつ問題が注目され、その対応が「これからの保育所懇談会」の報告で論じられ、また一方で学校（幼稚園を含む）の五日制が決定された頃、長野県諏訪市で朝日新聞厚生文化事業団主催の朝日夏季保育大学が開催された。昭和の終わりから、平成を迎えて、保育所の機能拡大がテーマだったが、いま一つ参加者の関心は高まらず、ひとごとのようだった。そうした反応は他の研修会でも感じるということは、しばしば話題になっていた。保育所の機能は長期にわたって、「子育てと仕事の両立支援」に重点がおかれており、加えて近年は利用者の要求も、生じる問題も多様化するとともに顕在化が著しく、緊迫していることもあり、保育者はこれらを自らの課題として受けとめ積極的に対応した。しかし「家庭における子育て支援」については、何故、保育所が担わなければならないのかと懐疑的、否定的な反応が強かった。これに対し世論は保母の時代や社会の動向に対する無関心、かつその流れを読みとる力の弱さだと指摘し、保育者の「意識の変革」が問われたのである。

ところがテーマが保母の労働条件にも関係する週休二日制やそれに伴う土曜保育のあり方に及ぶと、急に会場は熱気を帯びて討議が活発になる現実に、改めてその感を深くしたのだった。しかし、そうした状況は必ずしも、保母の責任のみとは言えない。エンゼルプランをみても、その内容は五分野に区分して、重点施策を示しているが、具体的な数値目標を掲げているのは保育所関係事業のみである。今後は社会全体の変革をめざすことが不可欠であり、次第にその方向をめざして進みつつあるが、各分野にわたって築かれてきた社会的経済的構造の再構築には多くの困難が予測された。身近な保育の場にも戦後だけでも実に半世紀を超える長期にわたる伝統的閉鎖性の克服にはむずかしさがあるが、それこそが今後の課題と言える。

（3）主任保母制度の確立にむけて

年を追って保育所は機能拡大と多様化が求められ、職員構成は量的に増大し、質的に複雑となり、核となるリーダーを必要とする声は高まってきた。一九八二（昭和五七）年の主任保母に関する実態調査では公私立合わせて三千三百四十五カ所中、クラスを持っている主任は五二・九%、フリーは四四・一%であり、かつ主任のフリー化に賛成は六九・六%、不賛成は二四・六%であり、ここでも主任保母の意識変革が課題であることが浮き彫りにされた。全国保母会では主任保母の力量を高め、フリー化（専任配置）をすべく、

研修会にて（70歳）。

全国社会福祉協議会の支援を得て、一九八七（昭和六二）年に主任保母特別講座を事業として立ち上げている。初めは関東、関西で実施をと考えていたが、前・後期の集中講義、在宅でのレポート作成、修論提出まで一年間というのは現職者にとって強い決意と努力もさることながら、周りの支えが必要で、二カ所開催はむずかしかった。行政の許可が得られず、年休をやりくりし、仲間の協力で修了にこぎつけた公立保育所の現状打破にもえる主任もいたが、回を重ねる度に受講生は明るく活気にあふれるようになり、その変化は頼もしかった。

集中講義のカリキュラムも、最初は保育所保育の基本を再確認するという意味もあり、講座の立ち上げに中心的役割を果たした先輩、園長・主任の講義が設定されたが、その講義に共感し、感銘や憧憬の念を抱き、活発に応答する姿は印象的だった。しかし、それらは厚生省の公認を求めて各専門に基づく理論学習・演習に移行し、教科目は保育所が求められる機能の変化をふまえて改変し、高度化が図られた。

先にも述べたが保母養成は二年制であれ、試験による取得であれ「保母」という同一の資格であることに対し、果たすべき責任から考え、専門性をおさえて一級、二級、または正保母、準保母などのランキングを導入すべきだという提案が、全国保母養成協議会の専門委員によって大会で議題となったが、いかなるプロセスを辿ろうとも「保母」という同一の名称で共働する「民主的な専門的集団」であることこそ大切である、という意見が強く変革は実現しなかった。一九九七（平成九）年に日本保育学会五十周年記念出版『わが国における保育の課題と展望』において、「保育者の資質の向上と現職教育」で保育所保母の研修を執筆することになり、将来課題として研修の組織化、高度化によって例えば主任保母の資格を得ることを考えられないかと提案したが、編集者から「それは無理だ」と返されたこともあり、研修のみではグレードアップにつながらないことを重く受けとめたのである。

たまたま同和保育所の所長の訪問を受けた。

同和保育の厳しい現実は年度末休暇もとれないまま新年度を迎えると言う。前年度の評価反省をふまえて、新年度の方向性を探究するためにも、気分転換、新鮮な取り組みを始めるためにも、最低三日間の休暇が必要だと、親の会に訴え、やむを得ない場合は保育を行うことを条件で得た三日間を最も効果的に活用したいと言う。その第一として「お互いの立場を知る」ことだと、「自分の職務とそれに関する一日の業務内容」を、各セクションから発表することになった。すると調理担当の男性職員が「分かった。今日は職員全員と特別保育児の給食を準備しなければならないから、自分たちが真先に発表する」と言って、朝、調理室の鍵を開けることに始まるその日の仕事の流れをくわしく述べた。それを書記が記録したが、「以上で抜けていることはないネ」と同僚に確認するとともに、調理部門としての要望は、十時までに出席児童数と特別食の必要な子どもについて情報提供を必ずしてほしい」と述べたことがきっかけで、抵抗のあることも想定していたが、事はスムーズに運び、一覧表を作成して各グループに配ったという。自分たちなりにそれについて話し合いを行ったが、私にもコメントしてほしいということだった。話し合いのなかで最も業務が多いのが主任であることが明らかとなり、その検討のなかで、保母ができること、なすべきこと——例えば出張に関する業務などもすべて主任に委ねられていることに対し、どこまで保母がすべきかなどを把握したり、保健婦は事故や病気の発生時、また感染症の流行があれば、手いっぱいであるが、日常的には統計処理などはできるし、親指導に力を発揮することもできること、また日切りの業務はむずかしい場合もあるが、時間的に余裕があれば手伝えることもある…など率先して、業務分担や協力について提案があるなど、よい結果を得ていた。条件整備の要求だけでなく、ふり返り問い直しをすることが主任だけでなく個々の保母にとってもそれぞれを生かすことになること、また職場の組織化、チームワークの必要を実感したと言えよう。

（4）三度目の定年を迎えて

一九八二（昭和五七）年三月、大阪社会事業短期大学の閉学と同じ年に、最初の定年を迎え、名誉教授の称号を受けた。同年四月からは四條畷学園女子短期大学教授となり、一九八七（昭和六二）年三月、二度目の定年となった。前者では大阪府立大学に社会福祉学部として統合され、懸案の公立四年制大学における保母養成が発足し、後者では新たに保母養成の設置が認可され、とにかく託された課題を果たすことができ、私は充実感と安堵感を味わった。ところが突然、兵庫県の武庫川女子大学から「学長が話をしたいので時間をとってほしい」と連絡が入った。これはまた抜きさしならないことになるかもしれないとの予感を抱きながら大学でお目にかかった。初めはこれからの幼稚園・保育所の動向についての一般的な事柄が主だったが、やがて学長は武庫川の幼稚園・保育所の職員養成の将来構想についてふれられ、意見を求められた。私は養成に対するビジョンに武庫川女子大学の独自性というか意欲といったものがみられないことを指摘し、学長は再検討をしたいとのことだった。その後、改めて新しい構想のもと、保母養成の実施に向けて、新年度から武庫川で協力してほしいということになった。私は正直、これ以上新しい設置を期す自信がなく、辞退を告げたが、学長は短期大学だけでなく四年制でも保母養成の実施を構想していること、またすぐ実現できなくても実現するまで継続挑戦するとも話された。当時武庫川は小学校教諭・幼稚園教諭の養成で頭角をあらわし、注目されていた。もしここで幼保両資格の同時取得ができれば新たな可能性が開かれるもしれないとも思い迷い、結局六月に承諾を決意した。学長は「今日、全学教授会であなたの人事を報告したら、何故、二度も定年を迎えた老人を新規採用するのかと質問が出たが、大学の新しい構想を進めるためで、授業はしないと説明した」と報告され、私はこれは…と動揺した。ところが会議が終了すると事務局長がとんできて「あれは学長の一存です。武庫川は学部数も多く、教師陣の構成も複雑であるがそんな特例はとても無理です。何とかノルマだけは果たして下さい」とのこと。それは当然のことと諒承したが、公立と私学のちがいは、すべてが必ずしも教授会の議を経ないで進められることなのだと二つの私学に関係して知ったのだった。しかし「いざ申請する」と決定すると事務局の動きは実に迅速で適確であることに驚嘆した。すばらしいと思った。

定年記念講義（63歳）

一方、申請の目的・内容などについて厚生省の杤尾勲保育指導専門官に説明したが、その後、何の反応もない、研修その他で幾度となく接触するのだが、その度に心なしか話し合いを避けているような感じすら受けた。たまたま神奈川県の研修で、当時、日本社会事業大学の石井哲夫教授と、大妻女子大学の故平井信義教授と四年制保母養成についで意見交換をしていた時、杤尾専門官も参加されたことがあった。

その後、杤尾氏は「保母養成は教育学部では育ちにくいと思う。できれば、今新たに新設が増えている人間学部や人間関係学部に設置するのが最適だと思っている。しかし、まだその機は熟していない」と話されたことに、強い共感を抱いた。

ともあれ、それから半年余りで武庫川の保母養成に認可がおりることになり、上京したが、その帰路、新幹線の車窓に見る初冬の赤富士の美しさに、私は保母養成の将来を祈る思いだったが、これを最後にアドバイスをしても自ら動くことはしなかった。そして一九九〇（平成二）年、武庫川女子大学の規定に従い、三度目の定年を迎え、大学の専任を退き、アウトサイドから保母養成の充実と発展を見守っていた。

そうした中で、思いもかけず「叙勲」の諾否に関する問い合せの電話が、研修中の尼崎市に届いた。「受諾します」と答えると、そのための細やかな留意事項などが話されたが、全く実感がわかないまま、まるで他人事の感だった。

もう七十三歳。これで私の仕事の人生もいよいよ終わりを迎えることになるのだと思うと、感慨深く、今更に多くの方達との関わりに支えられ、全力で取り組めた幸せをかみしめるのだった。

大学は退いても、依然として審議会関係や現職訓練は続いていて「就学前の乳幼児の最善の利益をめざして」現場の保育士たちとともに励まし合うことに喜びを感じていた。だが年を重ねるとともに老化は避けがたく、満八十歳を迎えて、保育学会理事をはじめ各種審議会委員をすべて退くことにした。現職訓練も自粛したが、いろいろと関わってきた保育士たちが「修学旅行」と称して駅弁持参で訪ねて来るようになり、また養成校の教師たちもわが家で保育に関する語らいの時をもつなど、いまだに保育との絆は続いている。しかし、保育所保育を巡る情勢の変化は、これからが正念場というべきだと思う。まだまだ不透明なことが多いなかで、新しく理想を追求する次世代に心からのエールを送りつづけたい。二〇〇〇（平成一二）年の「保育所保育指針」の改訂に際しては全国社会福祉協議会全国保母会の「新保育所保育指針検討会」に参加した。

参考文献（第Ⅰ部に関する）

待井和江「保母の専門職化と保育者養成」『社会問題研究』八六号、一九八〇年。
待井和江「保育施策の変遷と保育士養成の歩み」『社会問題研究』一二七号、一九九一年。

第Ⅱ部　保育図書の刊行を通して

一　保育に取り組む人々の基礎能力を養う

（1）『標準保母講座』（一、社会事業一般　二、児童福祉事業概論　三、児童心理学　四、精神衛生学　五、保健衛生学及び生理学　六、看護学及び実習　七、栄養学及び実習　八、保育理論　九、保育実習の九冊セット）、大阪社会事業短期大学保育研究部編集、一九五八（昭和三三）年六月、六月社

児童福祉法制定以来十年が経過し、年々各都道府県で実施される保母試験の受験者は増加し、当時、二万数千人に達すると言われ、児童福祉や保育所への関心が高まっているにもかかわらず、受験者のための適切なテキストがないことが、受験者からも試験委員からも問題視されていた。受験科目のうち一から七の科目はすでに学問体系も整い、参考書もあったが、八と九、すなわち保育に関する基礎的研究は、まだ日本の学会では認められておらず、保育理論の構築は時期尚早の感があった。

大阪社会事業短期大学の碓井隆次教授は、保母を志す人々に「当然心得

るべき客観的、標準的資料を学習の場に提供して、保育に関する基礎的な考え方を整理し、方向づけること」に使命感をもって、開拓的努力の結果、児童福祉施設である保育所の「保育理論」の基本を最初に構築した。これまでも「保育」に関する著作は決して少なくはないが、そのほとんどは「幼稚園教育論」であって、児童福祉のそれではない。碓井教授の「保育理論」は、その後につづく研究にも大きな影響を及ぼしたと言える。『標準保母講座』は、厚生省児童局母子福祉課の後援を得て、保母試験を対象として編集したのだが、保母養成機関においても多くの採用があった。私は、七「栄養学及び実習」に共著者として参加した。

(2)『保育ハンドブック』 碓井隆次・待井和江編集、執筆分担、一九六二（昭和三七）年八月、六月社

幼児・乳児の保育といっても、その関連する範囲ははなはだ広い。本書はそれらの諸領域に散在する必要事項をふるいにかけて、無駄なく簡明に、便利かつ実際的に一冊の内に整理配列したものである。

いまの日本には、保育所と幼稚園という二系統の機関があっていろいろ議論もあり、見解もある。しかし、両者に過分な共通なものもあることは否めない。現状では、相互に理解しあうことこそ必要であろう。本書は、保育所のみ、幼稚園のみのも

のではなく、内容は両者にわたっている。「保育所に一冊、幼稚園に一冊」と著者は考えている。

戦後の保育所、幼稚園の増加はめざましい、もちろん保育施設の増加は日本の子どものために喜ばしいが、職員の養成がそれに追いつかない恨みがある。「初任者に一冊」「受験者に一冊」というのも著者の配慮したところである。

一冊の書物は、多人数の研究努力のいただきの上に成立するものであることを今更ながら感じる（碓井隆次、本書の序文より）。

（3）『保育小辞典』碓井隆次・待井和江編、一九七〇（昭和四五）年八月、ミネルヴァ書房

この辞典は、引く辞典であるとともに、読む辞典である。このような方針で保育関係諸科目の最も基本的な千項目を選び、読めばすじが通るように配列した。

例えば、「保育所の制度」を知ろうと思えば、第一編の七を見ればよい。「児童福祉」について概観したい場合は、これに加えて、第七編を通読すればよい。「栄養学」の要点は、第三編の五で得られる。

関係項目を系統的に配列した目次は、内容の概観となり、また、復習にも役立つと思う。科目名の分からないものは、巻末の五十音索引を利用されたい。一項目が数カ所に出ているものもあるが、これによって総合的な理解が得られる。

新しい科目を学ぼうとする場合、テキストを読んでも分かりにくいのは、用語の理解不足によることが多い。用語をマスターしてからテキストを読むと楽に分かる。用語をマスターすれば、入門学習はなかば成功だと言えよう。

この辞典は入門のために親切な辞典でありたい。分かりやすく、近寄りやすく、というのがねらいであって、テキスト学習以前の重点学習、これが本書の特色である。とはいえ、これだけで満足してはならない。入門後の深くたゆまなぬ研究は、保育専門職員の責務である（碓井隆次、本書の編集の主旨と利用法より）。

（4）『乳幼児保育ハンドブック』碓井隆次・待井和江共著、一九七三（昭和四八）年六月、ミネルヴァ書房

「乳幼児保育」とひと口にいっても、その関係分野ははなはだ広く、人文科学、自然科学にまたがっている。この広汎な諸科学に散在している保育関係事項を選別して、便利かつ実用的に一冊のうちに整理配列し、有機的に関係付けたのが本書である。保育諸問題に関する研究や学習なら、目次と索引によって一応の手掛かりと資料が得られる。研究者の必備の座右の書として編集したものである。

率直に言って、本書のような企画は、著者にとっては労あまりに多く、精神力と体力を消耗する大きな負担である。個性や私見を実現する自由も大きな拘束を受ける。この種の著書は、諸家に分担執筆を委嘱して編集することが普通だが、その結果はとにかく不統一、重複、不備をきたし〝寄せ書き〟的になることが多い。本書には引用も多く、諸家の協力執筆も得たが、それを著者らの頭脳中に消化し、できる限り統一的、調和的に記述する

ことに努力を注いだ。

　われわれが旧著『保育ハンドブック』（六月社刊）を世に問うたのは、一九六二（昭和三七）年一月、既に十年以上を経過している。この間、制度の改変、問題点の移行、諸研究の開発も多く、到底、時代の要求に応え得ない状況に達していたので、しばし旧著を絶版にしていた。だが絶版以来、改訂再版を求める声をしばしば聴くようになった。やはり日本の保育にあるべきものと勇気付けられ、旧著に全面大改正を加えたのが、今回の『乳幼児保育ハンドブック』である。とくに第一編で諸外国の保育を割愛して「年表」を拡大し、第三編を「乳児保育」にあてて稿を新たにした。その理由は、諸国の保育事情の推移はとうてい正しく把握しえないこと、この十年間に歴史研究が大きく伸びたこと、また乳児保育が問題化してきたためである。装いを改めた新書が今後十年の日本の保育に貢献できれば幸いである（碓井隆次、本著の序文より）。

　以上四冊は、碓井教授の指導を受けながら共に「保育所保育にたずさわろうとする人々」や「草創期・成長期の保育所で苦闘する実践者たち」を支え、確かな基礎を培い、あるべき方向性を提示しようとするねらいをもっている。標準的なものを求めるきびしい労作を通して、私は碓井教授から実に多くを学び、貴重な体験をした。ハードな作業を終えて、次までの仕事の分担を決めると、碓井教授は「これからは、家内に手伝ってもらうのだ」と何だか嬉しそうに仰る。碓井教授の夫人は、日本女子大学で学んだとても個性的で鋭い感性の持主である。

校閲・校正は徹底していて、語句など疑問があれば、原典を追究するなど容赦がない。夜、夫や子どもたちが床についてから、やっと自分の時間がもてる私は、何度「家内」の存在を羨ましく、憧れたかしれない。お互いに尊敬し、信頼し合う碓井教授ご夫妻の姿は、「校正には、拙宅の碓井スズコの老眼鏡による陰の努力も潜んでいる」という教授の一文に彷彿としている。

二　実践者とともに保育所保育の質の向上をめざして

(1)『ハンドブック―保育所保育のために―』近代化研究会刊、一九七四（昭和四九）年、大阪府社会福祉協議会

一九六二（昭和三七）年に、大阪府社会福祉協議会は福祉施設の近代化推進について、「近代化研究会」を組織し、一九六六（昭和四一）年から各種別の実践から得た知識と研究の成果を『ハンドブック』として編集、発行している。一九六六（昭和四一）年、第一次の「保育所保育指針」が厚生省によって刊行、通達されたのを契機として、保母たちは保育所保育の実践研究に取り組み、その成果を『ハンドブック―保育所保母のために―』として発行した。このハンドブックは「幼稚園教育要領」の「解説書」的性格をもつと言える。

戦後の幼稚園は学校教育法に規定されて、「幼稚園教育要領」は文部大臣の告示であり、その特質は大綱化にある。したがって、これを実践に移すには、「解説書」による細分化、具体化が不可欠であり、これまで「幼稚園教育要領」と「解説書」はセットになっていた。これにくらべ「保育所保育指針」は、児童家庭局長の通達であり、また日々長時間の通年保育が0歳から就学前まで続くという保育所保育の独自性からいっても、大綱化で

は実践化が至難であるとして、「保育所保育指針」はガイドブックとして位置付けられ、細分化、具体化がはかられている。しかし、当時はそれでもなお、保育指針を実践に結びつけるのは難しいとする保育現場の声には切なるものがあった。そこで「保育ゼミナール」を組織し、保育実践を検証することで、保育指針との関連を明らかにし、ハンドブックを発刊したのだが、このような状況は広く保育現場に共通するものであったのか、思いもかけず全国的に関心を呼び、養成校からも「実習テキスト」として採用したいとか、実習資料として引用したいといった申し出もあり、次々と版を重ねた。また、いち早く兵庫県尼崎市、西宮市は、「わが市の保育」を構築したいと全保育所をあげて実践に向けて具体化に取り組んだ。以後、各地でこうした取り組みが拡がったが、当然のことながら、大局的には、それぞれには大きな違いは見られなかった。しかし、こうした研究過程を通して、「保育所保育指針」に対する理解を深め、保育実践に関する姿勢に変容が認められたこと、さらに子どもを観る目が適切、かつ細やかになったことが評価される。反面、細分化、具体化が保育の一律・一斉化を招き、かえって個人差を無視する危険性をもつとの厳しい批判もあった。

近代化研究会から、その後同じ立場で、大阪社会事業短期大学の野澤正子、川原佐公、泉千勢、故玉置温子、三宅照子、小林輝子の諸先生による指導のもと『ハンドブック―乳児保育のために―』『ハンドブック―障害児保育のために―』を発刊した。激務と言われる本務を遂行しながらの保母たちの参加には

多くの困難があったが、彼女たちはよく耐え、主体的であった。

そうした取り組みのなかで、実践を担う保母たちの潜在能力や実践力のすばらしさに、私はしばしば感動し、啓発され、そのことを世に問いたいと切に思った。各地域での多くの研究活動のなかから、代表的なものとして「北九州市」の例を挙げたい。

（2）『感性を育てる保育実践①〜④』のシリーズについて

リーダーの藤岡佐規子氏は、「北九州市保育所連盟保育士会は、子どもの発達保障と同時に女性解放の担い手としての機能を併せ持つ保育所として、保育所育ちの責任を果たすべく、一九七五年、メキシコで定められた国際婦人年を機に子どもの発達調査を皮切りにして、今日まで弛みなく、現場における保育実践のなかで、そのときどきの課題を取り上げ、客観的に検証しながら保育内容の改善に努めて参りました。一九九〇（平成二）年からその研究を、感性を育てる保育実践シリーズとして発刊してきましたが、『領域　環境と感性』『領域　人間関係と感性』『領域　言葉と感性』と今回シリーズ④『領域　健康と感性』の発刊を以て、一応出版を完了しました」と述べている。また、このシリーズに読者・研究者から寄せられた感想には次のようなものがある。

①感性を育てる保育実践『領域　環境と感性』――高橋さちこ氏（読者・教員）のコメント――自然教育や自然科学分野の講義を大学で行っていますが学生がこれまでの学校教育のなかで、断片的科学知識の集積は身につけていても、基本的な自然観、科学観を全く教育されていないことが分かります。そうした学生がまた教師や保育者となって教育の場に出ていっています。この現状に息苦しいような思いでおります。自分の講義の改善をはか

るために参考になるものを探しているうちに、この本に出会いました。保育の現場の実践から生み出した内容、取り組みの観点の的確さ、私の捜していたものが見つかったと思いました。幼児教育をめざす学生だけではなく、多くの人に紹介したいと思います。

②感性を育てる保育実践『領域　人間関係と感性』——一九九八（平成一〇）年四月、朝日新聞に取り上げられる——おもちゃを取り合いして幼児が幼児にかみつく「かみつき」について、北九州市内の認可保育所の園児約一万人を対象に、同市保母会（約千八百人）が調べたところ、子どもの環境が「過密」になったとき起きることが分かった。共働きの家庭が増え、保育所に通う三歳未満児の子どもが増加したことが背景にあるとみられる。五月の「日本保育学研究大会」で発表する予定だ。

「保母多忙中に集中」一つしかない人形を取り合ってAちゃん（一歳）がBちゃんにかみついた。Bちゃんは大泣きし、手には歯形がくっきり残った。保母は傷をさすりつつ、Aちゃんをたしなめる。保育所ではよくある光景だ。「子どもの体に傷がついた」と親から苦情も出る。予防策を探ろうと、同会は一九九一（平成三）年から調査研究に乗り出した。

最新の実態調査は、昨年一〇、一一月の任意の一週間、市内の百三園の園児九千五百三十四人を対象に実施した。かみつき（未遂も含む）が起きた時間と場所、状況、推定される動機、年齢などを記録した。その結果、四百七十二件、三百人の事例が出てき

た。それによると、かみつきは0歳後半から始まり、三歳後半までにはほぼ終息する。とくに一歳五カ月から一歳八カ月児は、一三～一五％が一度はかみついていた。

発生時間では、午前十時半ごろに最大のピークがあり、午後四時前後に二番目のピークがあった。給食の用意や勤務交代で、いずれも保母の手が一時的に薄くなる時間帯だ。子どもを一カ所に集めざるを得なくなり過密になるせいらしい。動機は「ものの取り合いやじゃまをされた」が六四％、「たまたま（相手の手や指が）口の位置にきた」が一七％を占めた。園児が自分の世界を守るスペースがないために起きたとも言える。場所は保育室内が八一％で、広々とした屋外ではほとんどなかった。

藤岡佐規子会長は「保育環境の過密化が、かみつきを誘発している。屋外遊びを増やしたり、日課をずらしたりして、園児の過密を避けることが大切。そのためにも保母の増員が必要と思う」と話している。

八木義雄・武庫川女子大学教授の話「現在、かみつきは保育者の最大の悩みになっている。かみつきについて、これまで乳児院での調査はあったが、保育所で組織的に調べ、これだけ事例を集めたのは国内初。一歳五カ月から一歳八カ月は、急激に自我が芽生えるころで他人に対して過敏に反応しやすい。その意味でかみつきは発達の過程でもある。へらすにはできるだけ過密を避け、子どものプライバシーを守れる空間を作ることが必要だ。

③感性を育てる保育実践『領域　言語と感性』——二木武氏（東京都立母子保健院長）のコメント——言語機能の発達は乳幼児では保育の方法によって最も敏感に影響を受ける発達分野である。これは単に発語技術によるものではなく、人間関係の発達や生活体験の反映であることは言うまでもない。

本研究申請者は、保育所の0歳児に言語発達停滞傾向があることに着目し、その実態を家庭児と比較分析し、さらにその言語能力を高めるための保育内容を求めて研究を継続中の模様である。研究方法は三歳時期を迎えた保育の継続児と家庭児の言語発達を比較し、まずその実態を調査することから始まっている。言語発達の調査方法としては、絵本を見ていたときの子どもの発言状況というユニークな方法がとられているが、その検討法も構文分析という化学的な方法が用いられていて興味深い。予備実験の段階を経て、今回は絵本の見せ方、読み方などの条件を統一して比較検討したいとのことであるが、より客観的な比較が期待されるであろう。

現在までの中間成績では、保育所の継続児の方がよく話すが、脈略がなく勝手放題な発言傾向がみられる。家庭児は発語が少ないが、個性的で面白い発語がみられるという。また継続保育児の中で不可欠な生活用語——いわゆる必要語——しか用いられていないとするのが大変興味深い。家庭生活および保育所保育の実情を表わしているのであろう。

とくに家庭児の場合には、その育児状況にはバラツキが極めて多いことであろう。言語の発達状況はその反映であるとすれば、個々の家庭環境との関係を可能な範囲で分析できれば興味深いのではなかろうか。子どもの言葉が少ない、しかし時に面白いことを言う。これは現代の核家族の生活の反映なのかもしれないし、また必要語しかしゃべらない保育所児には保育内容に無駄がなさすぎる、あるいは自由な遊びがなさすぎるのかもしれない。いずれにしても興味深い研究で、今後さらに継続して成果をあげられたい。

④感性を育てる保育実践『領域　健康と感性』——村田安太郎氏（白梅学園短期大学教授、子どもと教育総合研究所所長）のコメント——長い長い年月を一つのことに向けて、これだけのものを完成させたお力を偉大だと思います。「感性」という抽象の世界の実態分析を化学的視点で裏付けさせ、しかも実践の豊かさ、面白さをもたせ、

魅力的なものにしています。『今』こそ、最も必要とされる「感性」をずっと以前から追究してきた慧眼に尊敬しています。

岩田貴美枝氏（前厚生労働省、児童家庭局長）のコメント――このような本を拝見しますと、保育所関係者がいかに自己研鑽を積まれ、保育のあり方を追究されてきたかが分かります。幼保一元化の議論が続いている今日は、もう一度「保育とは」が問われているのだと思います。

汐見稔幸氏（東京大学大学院教育学研究科教授）のコメント――「保育者たちの手による優れた研究書」専門性の高さを示すいい例があります。「感性を育てる保育実践③『領域　言葉と感性』」（ミネルヴァ書房）という本です。これは北九州市保育士会の実践と研究のまとめの一冊です。現場で日々の保育をしている保育士さんたちが、経験だけにまかせないで、きちんと対象化してテーマを決め、自分たちの保育が効果をあげているのか、いないのかを科学的理論的に明らかにしていこうと、主として現場の先生だけでやっているのは極めて異例なことで、ある意味では画期的なことです。

今、教育心理学会のなかでも一番豊富な実例や事例を知っているのは、現場の先生方です。しかし、現場の先生は理論的な訓練を受ける機会が少ないために、高度な洗練された論文を書くという機会がなかなかありません。逆に、現場のことがあまり分からないで、実験的に事例を集めた研究者が理論的にはたくさんの書を産出して、現場と理論の乖離が問題になってきています。

現場の先生は、現場であるがゆえにそんなにすっきりと割り切れないとか、カテゴリーを整理されてしまったら大事なものが見落とされてしまうので納得できないとか、現場であるがゆえに理論的な感性を生かしながら、現場の先生が理論的な貢献をしていくという新しい現場的な研究スタイルと論文的なスタイルを開拓すべきではないかという意見が出てきます。

そういう気運を見たときに、この本は現場の先生が経験主義に陥らないで常に自己反省をしながら、新しいものにチャレンジしていくことをやりうるんだということを示している画期的なものです。待井先生のアドバイスがかなり入っていると思いますが、それに必死に応えていこうとすることにも頭の下がる思いがします。

子どもの言葉をどう育てるとか、言葉を育てながら同時に感性を豊かにしていくにはどうしたらよいのかについて、一般のレベルではあれこれ言われてきましたが、研究レベルでは絞らなければいけない。その時にどういうふうに絞っていくと共同研究にできるのか、テーマのたて方が共同で研究できるように上手に絞っていくことは、実は難しいのです。

この本は子どもの言葉の能力が絵本という保育メディアを媒介として、どういうふうに発達するのか、在園児と新入園児との違いはどこにあるのかなどを通じて保育の効果を推測するというやり方をとっていることに、ある種のプロでも舌を巻くような洗練されたスタイルが感じられます。そういう意味で、全国の現場をあずかる先生方が自分たちもこういう研究ができるのだという一つのモデルを切り開いている点で、大変貴重なものです。是非全国の先生方が自分を自覚的に理論化していくように刺激を受けてほしいと思いました（『げ・ん・き』No 57．より）。

三　次世代に思いを託し、若き研究者・実践者に場を提供する

二十数年前のある夜のことである。大阪社会事業短期大学保育課程第四回卒業生で、当時、兵庫女子短期大学専任講師をして保育者養成に関わっている福岡貞子氏が、一連の原稿を持ってわが家を訪れ、「保育所保育概論の講義用テキストとして出版したい」という。彼女は担当科目のテキストを精力的に探したが、適切な図書が見つからず困っていたのである。早速原稿を読んだが、それらは講義録であって、図書の形態をなしているとは言えない。しかし、自分なりに納得のいく、そして授業の参考書として講義を補い、学生の自主研究に資することができるなど、その思いはよく分かる。彼女とは在学中に格別密接な関係があったわけではないが、人形劇部やテニス部で意欲的に活動していたことはよく覚えていた。A市の保育所に就職してからは、現状にあきたらず、厳しい労働条件の中、保育研究会に参加したり、松田道雄氏の著書の執筆に協力したり、まだ「保育所保育指針」の刊行前の頃、厚生省の「保育所実践事例集」に応募したりするなど頼もしい存在であり、結婚をして子育て期に入っても変わらなかった。しかし、十四年勤務して保育所長の候補となったが、同じ市に勤務する夫が管理職のため、市の内規により所長になることができなかった。自分の上司として専門外の所長を迎えるのを納得

できず、保育所を退職することにした。退職後は「女性も社会に出て活動するべし」と大正生まれの実母の強い薦めと励ましにより、母に週一回の家事・育児の援助を受けながら保育に関わる新たな道を模索すべく、研究のために私との関係が深まっていった。

保育図書ともなれば、本の性格を明確にし、全体の内容構成を緻密に考えなければならないなどと厳しく指摘したところ、彼女は改めて努力すると約束したが、後年、あの日は暗い夜道を涙しながらバス停まで歩いたと聞いたときは愕然とした。そして、もしかしたら自分の指摘や評価が彼女の挫折を招いたかもしれなかったことを深く反省した。

2006年　多くの保育図書を編集してもらったミネルヴァ書房の五十嵐靖氏と。

出版社を探しミネルヴァ書房に相談したところ、編集部の五十嵐靖氏は、「待井先生が監修・共著者として参加できるなら…」との意向であった。さらに五十嵐氏は、出版の条件として、若い研究者の参加を要請した。私は大いに共感し、福岡氏と相談して『保育原理』に八木義雄氏（当時、宇部女子短期大学助教授）、戸江茂博氏（当時、兵庫女子短期大学助教授）、泉千勢（当時、大阪社会事業短期大学講師）の四人で出版にこぎつけた。続いて『乳児保育』『保育実習』『小児栄養』の四冊を「現代の保育学（全十冊）」に位置付け、多くの養成校のテキストとして採用され、現在も版を重ねている。とりわけ『乳児保育』『保育実習』（現在、『保育実習・

教育実習』に改訂・改名）は、福岡氏のリードで保育者出身の担当者や若い研究者が次々と分担執筆者として参加し、内容の充実に力を発揮している。いずれも初版以来二十余年、版を重ねているが基本とする理念は一貫している。

――保育原理の基本理念――

乳幼児期が人間形成の基礎として極めて重要な意味をもつことは、近年、諸科学の進歩とともにますます強調されている。乳幼児保育の場として、家庭は今日もなお、かけがえのない機能を果たしているが、社会の進展は、一方において教育水準を高め、他方においては家庭のもつ保育機能を弱体化させ、家庭のみで子育ての教育要求を満たすことができず、幼稚園は就学前教育機関として一般化し、大きな期待が寄せられている。また昭和三〇年代以降、急激に増加した女性の職場進出は、乳児から長時間に及ぶ保育所保育を不可欠なものとしており、養護と教育の一体化が強く求められているのである。すなわち、幼稚園、保育所はいずれも、子どもの権利保障を機軸とするものであり、先人たちの開拓的努力もそこにあったと言える。しかし、その実現は決して簡単なことではない。自ら自己の権利を主張し得ない乳幼児期にあっては、保育者の側に「子ども」に対する十分な理解と洞察がなければならない。さらに子どもを歴史的、社会的存在として捉え、「その子どもが現在を最もよく生き、望ましい未来をつくり出す力の基礎を培うこと」をめざして、どう対処するべきか、実践の基本となる原理の確かな修得が必要である。

一九八三（昭和五八）年、『保育原理』はこれから保育の道を志す学生のよきテキストとして、また保育に携わる保育者たちの自己啓発に資する座右の書となることを願って刊行されたが、その特色の第一は、ヒューマニズム（人間尊重）を基盤として、保育原理を構築したいとする執筆者たちの基本姿勢に貫かれていることである。今日、子どもを取り巻く環境の変化が子どもの発達にさまざまな歪みをもたらし、さらには幼稚園、保育所のあり方にも多くの問題が生じている現状をみるとき、ヒューマニズム――子どもの側の論理――に立つことの意義を改めて確認したのである。

本書の特色の第二は、数多くの注釈や資料を付記していることであり、執筆者の主張を一方的に提供するのではなく、読者みずから多角的に問題を掘り下げ、保育の本質を探究し、乳幼児保育の原理を正しく自分のものとすることを意図しているのである。

私はこの付記の部分に力を注いだが、ある時編集部から、この部分は優に図書一冊分に該当すると聞き、驚いたこともあるが、この本が続く限り、あとに続く人がこの本の特色を担ってくれることと期待している。

私は、かねてから大阪社会事業短期大学の卒業生を母校に「実習専任」として迎え入れ、後輩の育成に当たって欲しい。かつ、それを伝統にしたいと願っていた。幸い保育課程第一期卒業の川原佐公氏は大阪市に就職して保育所長となり、早くから保育に関係する諸領域の研究会に参加し、「保育問題研究会」の事務局長として積極的に活動するなど、必ずや後輩をリードし、保育所保育の質の向上に貢献すると思い、教授会の人事で推挙したが、ことは簡単に運ばなかった。壁は厚かったが、私は保育は「実践の学」であるという立場から、川原氏の採用にこだわった。最後の関門は、学歴が「短大卒」ということにあったが、ようやく重松俊明学長の理解を得ることができ、その支持で採用が決定した。こうしたプロセスで戦前の女子高等師範学校は、女子の最高教育機関とされながら、私もまた大学教育を受けていないことが切なかった。

たまたま東京の会議で、岡田正章氏から「乳児保育」のテキストの執筆を勧められ、東京書籍の小山康栄編集長を紹介された。試行錯誤を続けてきた「乳児保育」の実践を保育図書として出版できることは大きな歓びであり、早速川原氏を推挙した。不運にも就任後不慮の事故による頸骨損傷で療養中の川原氏は焦らず、じっくり実践を検証し、理論化を図り、『乳児保育』の出版に取り組んだ。彼女は体調をかばいながら、完成にこぎつけ、私との共著として出版した。学内で彼女の力量は評価され、自信となった。しかし、大阪社会事業短期大学が大阪府立大学に統合され、四年制に昇格する時も、その後も彼女は不利な立場に立ったが、教授となり、「乳児保育」「障害児保育」に力を発揮し、定年後は桜花大学にわが国初めての「保育学部」の設置を果たし、大学院教授として活躍している。しかし、後輩を育成し大阪府立大学に大阪社会事業短期大学保育課程の卒業生を教員として迎えることを伝統にする課題は実現には至らなかった。

私が四年制大学における保育士養成の実現に精魂を傾けたのは、こうしたことも原因している。しかし、四年制大学の保育士養成にも解決すべき問題がなお多く残されているのである。

以上の他にも多くの保育図書、月刊保育雑誌などの発刊に関わったが、保育所保育の質の向上とともに、常に保育士の社会的地位の向上を願ってきた。

第Ⅲ部　研修記録のなかから

一　赤ちゃんと幸福相

人間の赤ちゃんは、他の高等哺乳動物にくらべて極めてたよりない無力で未熟な状態で誕生する。スイスのポルトマンはそれを「生理学的早産」「子宮外胎児期」と定義付けているが、大人の、とりわけ母親の手厚い世話がなければ生きられない依存の時期が一年を超える期間続くのである。この保障は、一九二四年の児童の権利に関するジュネーブ宣言以来、児童の基本的権利として位置付けられている。母親による世話ができない場合は母親に代わる特定の養育者の継続性をもった関わりが必要となる。先進国は母親が就労している場合は育児休業制度を実施しているが、子どもはもちろん母親にとっても心身の安定にとって必要不可欠である。

赤ちゃんがよい育ち方をしているかどうかを端的に確かめる手だてとしては、体重の計測が一般的であるが、それとともに、その子が「幸福相」をしているかどうかを見ることが大切である。固肥えで、つややかな皮膚、りんごのほっぺ、生き生きとした表情など、みるからに幸せそうな雰囲気が感じられるとき、その子はよい成長をしており、育て方も適切であると、フランスの小児科医は述べている。

現在、わが国の赤ちゃんはその大多数が家庭で、次に多いのが家庭と保育所、またはこれに準ずるところで、そして少数が乳児院で育てられている。もちろん一人一人をみれば決して一通りではないが、群として捉えると、一番幸福相を示しているのは、家庭で育つ子どもであり、どうしても気がかりな傾向をもつのは乳児院の赤ちゃんだと言われている。かつてのソビエト連邦でも同じような報告があった。当時ソビエト連邦での乳児施設には、day nursery（通所型）と full nursery（寄宿型）があり、前者ではほとんど問題はなかったが、後者に関しては物的、人的環境ともに十分な配慮がなされているにもかかわらず、赤ちゃんに気になる状況がみられた。その原因について、「前者は毎日朝夕親とふれ合う家庭生活があるが後者では週末にしかそれが保障されないことにある」と松島富之助氏は実践者の直接の声として伝えている（『保育所児童の健康管理』一九七二）。

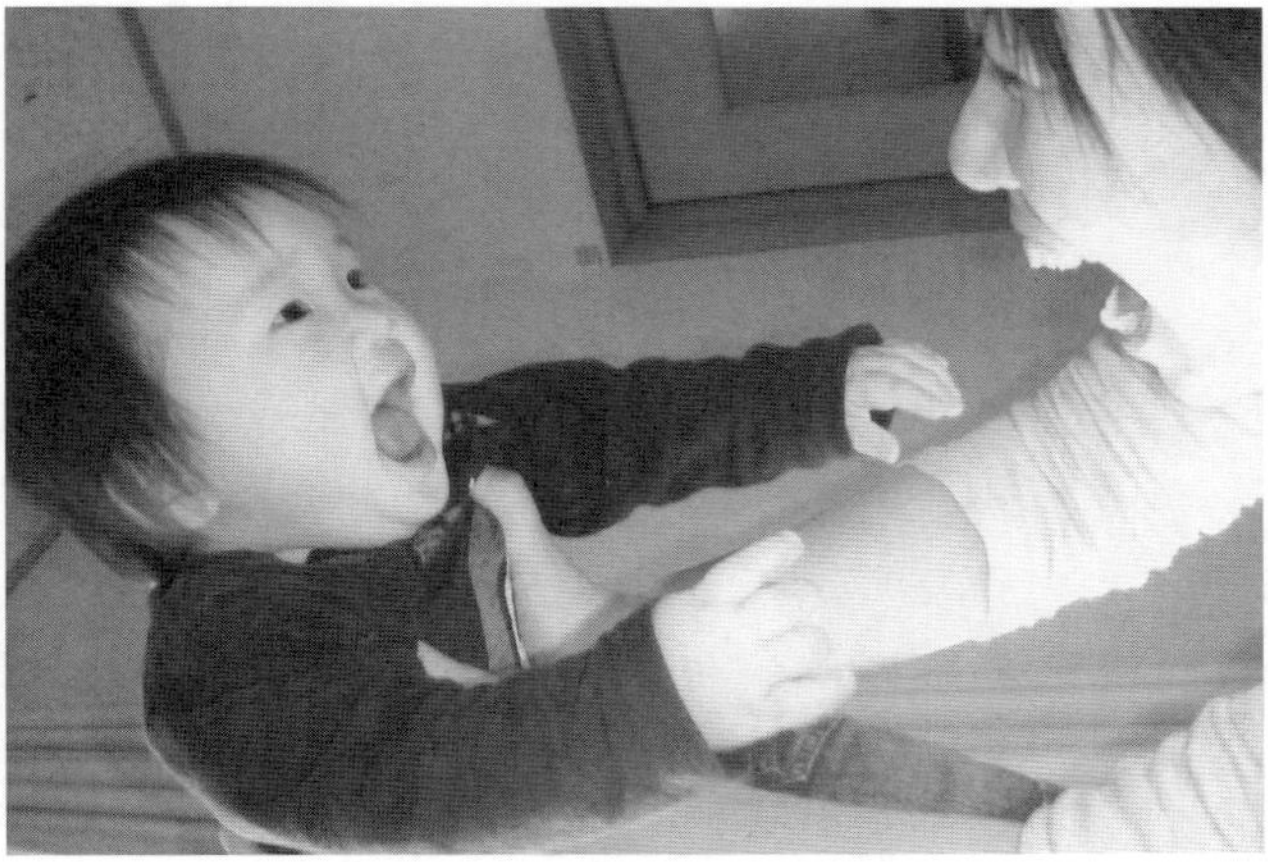
赤ちゃんの「幸福相」。

近年、社会構造の急激な変化によって、家庭の子育て環境も大きく変容し、本来的にもっていた育児力が弱体化を来していることはもはや周知の事実である。一方、日々長時間、通年に及ぶ生活を保育所で過ごす子どもたちの育ちについては、もはや問題はないとする報告もある。しかし、その背景に家庭生活の保障と充実があってこそ得られるものであることを再認識すべきである。

以下は、お母さんにこれだけは必ずしてほしいとしてまとめたものである。一方的な押しつけにならないように、親の意見も聞き、できれば親も参加してまとめることが、実行につながる。

――家庭にのぞむ最低基準――

1)　登所までに――

一、子どもが目ざめてから、一緒に家を出るまで一時間あまりをとること。
二、洗顔、排便、着がえをきちんとさせる。
三、必ず栄養のある食事をさせる。
四、しかったり、たたいたり、早く早くとせきたてないこと。
五、母も子も気持ちよく朝のスタートがきれるように、父親も心を配って協力する。
六、子どもの様子を必ず保母につたえる。

2)　家に帰ってから――

一、保育所からの連絡を必ず確かめる。
二、子どもたちは、午睡をし、間食を食べているから、せかさずにつれて帰ること。
三、なるべく手作りの食事をととのえる。やむを得ずできあいを買ったときも、ちょっとした手を加えたり、盛り付けを工夫する。
四、あとかたづけをあとにまわしても、食後の一家団らんをたのしむ。

五、テレビをいっしょに見る。おふろにいっしょにはいる。食事の仕度、あとかたづけなど、できることは手伝いをさせながらいっしょにするなど、夜の一定時間は、子どもと過ごす気持になること。添寝をするのもよい。

六、夜寝る時間、おやすみのあいさつ、手洗い、はみがきなど、生活のきまりは守らせる。「ひとりでできる」ように応援すること。

七、子どもが寝てから初めて家のことに精を出す。明日の準備をととのえる。そのとき、夫といろいろなことをよく話し合うようにする。

八、共働きは忙しい。殊に子どもが小さいときは本当に大変である。共働きのよろこびを知るには余程しっかりした覚悟が必要である。

3) 休みの日に——

一、ゆっくりいっしょに過ごして休みであることを楽しませる。決して子どもをじゃまにしないこと。散歩、ボール投げ，積木遊びなど何でもよい。少しの時間でも共遊びを心がける。一緒に楽しく仕事をすれば、それは子どもにとっては遊びになる。みんなで分け合ってたまった仕事をかたづける。手をつないで買物に行く（社会見学ができる）など工夫するとよい。

二、満足した子どもは、一人遊びを楽しみ、ききわけができる。

三、来週の準備に心を配る。

――よい子が育つよい家庭――

一九六九年三月

大阪府下主任保母ゼミナール・第Ⅰグループ

二　子どもと安全

今、子どもを護るための大きな問題に「安全」ということがある。どんなにいろいろなことが立派に成果をあげても、子どもが大けがをしたり、不幸にして命を失うようなことが起こったら、すべてを失うことになり、それこそとりかえしがつかない。保育所では何ごとにも先行する課題として安全対策に取り組んでいる。まず第一にしなければならないのは安全な環境づくりである。ところが一定期間記録をとると、同じ環境にいてもけがをあまりしない事故少発児と、まるで一手引き受け所みたいにけがの絶えない事故多発児のいることが分かる。一見事故少発児はいい子、事故多発児は問題児と思われがちだが、決してそうとばかりは言いきれない。よく動いてしかも動きがたしかで、注意がいきとどいてけががないというのが理想のタイプだが、乳幼児期にそんな子どもがいるとは思えない。けがの多い子のなかに活発型、積極型とよばれる子どもがいる。とても活動的でどんどん何でもやろうとするので、ついすべったり、ぶつかったりけがが絶えないが、こういうタイプの子どもは訓練次第で、だんだん動きが巧みになり、どう動けばよいか理解できれば理想的な事故少発型に進む可能性があるわけだから、むしろ頼もしい子どもと考えられる。問題なのは臆病型の子どもである。よくこの子はおとなしい静かな子、あるいは用心深い子と思われて、問題がみすごされがちだが、これは要注意。怖いから、するのが嫌だからじっとみているだけ、何もしないから、けがをしないのは当然である。でも安全保障能力が育っていないので、保護環境にいるときは安全だが、ひとたび危険環境に直面すると手も足も出なくなり何かがとんでくる、ぶつかる……と思いながらアワアワしていて、ときには自分からぶつかっていくような行動をとり、日頃はけがが少ないが、何かというときにはびっくりするような大けがをすることがよくある。「それまた、危ない、いけません」といった禁止の保育も、「ほら赤、止まって。はい青、歩いて」と一から十まで指示命令というやりかたも共に子どもの力を育てることはできない。ところで今一つ奔放型、無関心型とよばれる事故多発児がいる。これはルールが守れない子のことだが、守れない大きな理由が情緒不安定にあることが指摘されている。大人の場合でも家庭不和のいらいらが交通事故や工場災害の原因になっているが、子どももその例にもれず、注意散漫や衝動的行動がここから発しているのである。

0歳児でも、かなり用心深かさを感じさせる。違った場に行くと不安がり泣いたり、大人にしがみついたりする。好奇心を抱いた物や場に対しては、じっと大人の表情をみつめる。まるで大丈夫か、さわってもいいか、たしかめるしぐさにみえる。大人がうなずいたり、め線で肯定を示すと、安心したり、手を出したりする。そこに大人との信頼関係の芽生えがみとめられる。もちろん思いもかけず危険なことをする場合もあり、思わず大声を出したり、いきなり阻止したりしなければならないこともあるが、そのあとでしっかり抱きしめ、よかった、危ないからもうしてはだめ、などやさしく言葉かけをすると、幼いながらに納得する。

子どもを育てる意味（各国別）

わが国は，フランス，イギリス，アメリカに比し，
「子どもを育てるのは楽しい」とするものの比が低い。

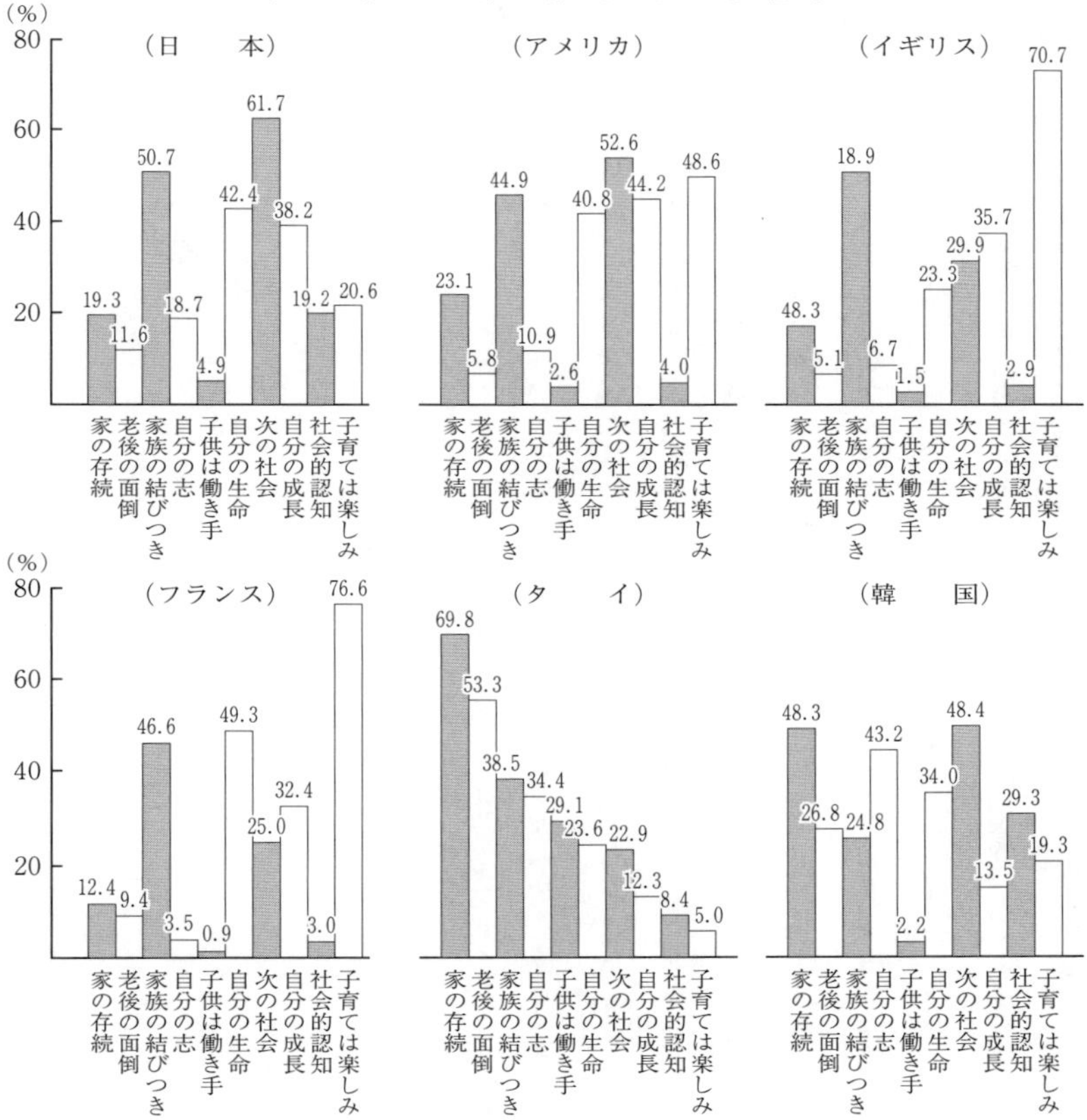

（注）　上記の略記は次のとおり
- ●家の存続：家の存続のため
- ●老後の面倒：老後の面倒をみてもらう
- ●家族の結びつき：家族の結びつきを強める
- ●自分の志：自分の志をついでくれる後継者をつくる
- ●子供は働き手：子供は働き手として必要である
- ●自分の生命：自分の生命を伝える
- ●次の社会：次の社会をになう世代をつくる
- ●自分の成長：出産，育児によって自分が成長する
- ●社会的認知：夫婦は子供をもってはじめて社会的に認められる
- ●子育ては楽しみ：子供を育てるのは楽しい

出所：『日本の子供と母親』総理府青少年対策本部，1980年，106ページ。

三　くらべる

国際児童年を契機として総理府が行った国際比較「日本の子どもと母親」（一九八〇年）は、多くの示唆を提起しているが、とりわけ関心をそそられたのは、「子どもを育てる意義」についての各国の反応である。対象六カ国のうち、フランスとイギリスは、「子育ては楽しみ」とするものが第一位で、それぞれ七六・六％、七〇・七％の高率を示している。アメリカは第二位、四八・六％で前二者に比べて低くなっているが、日本の二〇・六％、韓国の一九・三％、タイの五・〇％と比べれば、はるかに高いと言える。何故これほどまでの差があるのだろうかと考えざるを得ない。国の経済事情、子育てに対する社会的援助の実態、家庭環境などさまざまの要因がからんでいることは否定できないであろう。受講生の多くは問題の焦点をそこにおいていたが、もっと根本的なものとして、親が子どもをどうみるかが大きく関っていると思うという意見が出て共感を呼んだ。私はいつも子育ては楽しみであってほしいと願っている。だが、現実にはなかなかそうはいかない。家庭でも園でも悩みはつきない。しかし、母親の不安も、保育者の問題意識も原点は否定的把握にあるのではないか。「ちょっとも言うことを聞かない」「みんなといっしょに行動できない」「まだ〇〇ができない」などなどである。つまり、大人の側に要求や期待や基準があって、それとの「落差《ずれ》」で子どもを評価し、まだこれしかできない、やっとこの程度かといらだつことになる。そうなると結果ばかりが気になって、子どもがどんな気持ちでどんなプロセスをたどったかなど思いやろうともしなくなるから、子どもは立つ瀬を失ってしまう。

構えを一転して、視点を子ども自身にあててみよう。こんなに大きくなっていろいろなことができるようになってと、その子どもなりの変化に目を向ければ肯定的把握ができ、子育ては楽しくなるはずである。またその変化がめだたなくても、その子どもがせいいっぱいがんばっている姿に気づき、胸を熱くすることもあるだろう。そうした大人の見守りは子どもを安定させ、力付けることになる。

とりわけ幼稚園、保育所では「こうあるべき」という保育者の側の論理が優先しがちであることを警戒しなければならないと思う。子育ての楽しさは、放任・無関心からは絶対得られはしない。あくまでも親の努力の所産である。しかもなお、そこに明るさ、ゆとりが必要である。

集団保育は必然的に比較の場となる。保育者は決してそんな扱いはしていなくても、子ども自身が、「ぼくはあの子より大きい」とか、「私は絵は下手だけど、カスタネットはあの子より上手よ」とか友達と比べる。そのことはよい励みになる一方、何といっても緊張を伴うし、時には劣等感のもとにもなる。家庭にいこいがあるのは、一つにはそうした緊張から開放されることにあると言える。それなのに親は、ともするとわが子を励ます思いからであっても、「お隣のよっちゃんをみてごらん」とか「お向かいの健ちゃんは粘土がとっても上手なのに…」などと無残なことを平気で言ってしまう。子どもはそれで、「私だって」とか「僕もやるよ」とファイトをもやすだろうか、むしろ「あたし下手なの」「僕はだめだもの」とたいていは反抗的になるか、消極的になるかで、なかなか前向きのエネルギーは出てこない。

わが子だけを見ていたのでは、いつまでも幼い子として扱ったり、逆に高い水準を要求したり、的確な判断ができないことがある。集団のなかで、わが子はどんな位置にあるのかを比較してみることは、客観的に子どもを知る大切な態度である。しかし、これはあくまでも親の側の構えであって、口に出して子どもに投げかけるべきではない。とくにきょうだいを比べることは慎重でなければならない。親に対してどの子どもも同じように愛され認められたい思いが強い。親の偏愛や差別が子どもの性格を歪めたり、きょうだい間の憎悪になり、悲劇を招くこともある。比べる場合はそれぞれの長所（個性）を認め合うことが、自分はもちろん、人のよさを尊重する心を育てる基本となる。

四　保育におけるクラス

一　クラスを規定するもの

幼稚園の場合、当時の幼稚園設置基準において、第三条の「一学級の幼児数は、四十人以下を原則とする。」第四条の「学級は、学年の初めの日の前日において同じ年齢にある幼児で編制することを原則とする」とあり、年齢的な同質性集団を意図している。文部省の通達によれば、小学校における学級編制の原則にならったと述べられている。すなわちクラスは学習・教授活動の単位として位置付けられていると言える。

保育所の場合、学級編成に関する規定はないが、児童福祉施設最低基準において、「第三十三条の二　保母の数は、乳児又は満三歳に満たない幼児おおむね六人につき一人以上、満三歳以上満四歳に満たない幼児おおむね二十人につき一人以上、満四歳以上の幼児おおむね三十人につき一人以上とする」と、いわゆる保母定数が示されていることが、クラス編成を規定する基本的要因となる。しかし実際的には、その他の因子が複雑にからみ、幼稚園のように年齢別同質性集団の編成を困難にしている（当時の基準）。

関係する要因の第一としては、保育所が入所に制約のある措置施設であることがあげられる。具体的には、一定の手続きを経て、「保育に欠ける」状況にあるにもかかわらず入所できないという矛盾が生じるからである。

関係する要因の第二として、保育所は通所の便あるいは家庭的雰囲気が求められるため、定員六十から九十人の小・中規模施設が過半を占めていることがあげられる。そこに０歳から就学までの幅広い年齢層の子どもが在所するのだから、年齢混合クラス編成は必然の取り組みとなる。

古くから学校教育が学年制——年齢別クラス編成——を踏襲してきた歴史は、一人の教師が多くの子どもを統制的に一斉指導するための能率的手段にあったにもかかわらず、教育上最良の条件であるとする固定観念を醸成してきたのである。このことは保護者の側において、より根深い認識となっている。

さらに一九六五（昭和四〇）年刊行の「保育所保育指針」（厚生省児童家庭局）のなかで、「組の編成」に関して、「組はできるだけ同じもしくは近い年齢の子どもによって編成するよう努めること」と示されて以来、「年齢別クラス編成でなければ、子どもの発達は保障できない」とする主張さえ台頭してきたのである。

二　子どもに経験させたい二つの遊び仲間

守屋光雄[1]は次のような興味深いラッセルの見解を紹介している。「自由な競争において、また平等な協力において、自発性にそのはけ口を与えることのできるものは、ただ同年齢のなかまだけである。暴君意識を忘れた自尊心、奴隷根性を伴わない思いやり、こうした特性は平等の相手と接触することによって最良の学習ができる」（傍点筆者）といっている。また年下の子ども相手の遊びの価値については、「主として道徳教育に関すること」であって、どんな社会にもいる弱いものに対して、どのような態度をとるのが人間的なのかということを教えてくれるのが、遊び相手としての年下の子どもであるといっている。さらに「〝ほんのすこし年上の子ども〟は年下の子どもに対して、「手のとどきうる野心〝（Attanable ambition）を提供してくれる」と。

すなわち、子どもにとっては、同年齢、異年齢両集団での経験が必要であり、かつては、家庭における兄弟姉妹関係、地域における遊び仲間が後者の場となっていた。むしろ人為的に設定すべきは、同年齢の集団であったとみることができる。もちろん年齢別集団は必ずしも平等の関係とは言い切れないが、最もよくその特徴をもつ集団であることは否定できないであろう。

三　何故、今「人間関係」なのか

文部省の教育課程審議会幼稚園部会は、「幼稚園教育要領」改訂の具体的作業を行っているが、その改善案では、現行六領域を、健康、人間関係、環境、言葉、表現の五領域に再編することとしている。何故、今、新たに人間関係を新領域として設置するのか、何をしようとしているのか、それらは、幼稚園教育要領に関する調査研究協力者会議の最終報告「幼稚園教育の在り方について」（一九八六〈昭和六一〉年九月三日）によって推察することができる。同報告は、――いわゆる都市化、核家族化、少子化といった幼児を取り巻く環境の変化が、高齢者とのふれ合いの機会の減少や、兄弟姉妹数の減少、地域における異年齢を含む子どもの集団の減少や遊び場の不足があいまって、結果として人間関係の希薄化を中心に、家庭および地域社会の教育力の低下を招じたこと――を指摘している。さらに教育内容を考えるに当たって、まず、「人とのかかわりをもつ力の育成について」明らかにすべきだとしており、とくに、「人とのかかわりをもつ力は、人々とのさまざまな触れ合いを通して培われるものであることから、幼稚園においての、同年齢の集団の経験や活動ばかりではなく、例えば、異年齢集団とのかかわり合いや小学校低学年の児童、高齢者との交流を促進するなど、人間関係についての異なる角度からの経験をすることも考える必要がある」としている。しかし、この提言をみる限り従来の年齢別学級活動を母体としての発想であると思われる。

四　これからのクラス

秋山和夫、森上史朗[2]は、保育におけるクラスの位置付けについて「クラスを教育の単位と考える立場に立てば、どのような形態の活動を行う場合にも、幼稚園や保育所における幼児の交友関係は、原則として自分のクラスの友達に限定され、隣のクラスへ行ったり、他のクラスの子どもの遊びのなかへ入っていくことは、保育者から歓迎されないことになる。このような考え方が高じてくると、いわゆるクラス・セクショナリズムが起きてくる。つまり、他の友達はお互いに協力したり、仲良く遊ぶ対象ではなくて、競争したり、敵対する関係というふうになりかねない」と警告している。これに対し、「クラスを、園のなかの幼児が回帰してくるための心理的・物理的なよりどころであると考えるならば、幼児の交友関係や、遊び相手が同一クラス内の幼児に限られる必要はない。園内の幼児すべてが交友関係を結ぶ可能性のある相手として考えられることになる」と述べているが、同質性ということに焦点をあてても、年齢別クラス集団を超える必要があるのではないか。たとえ年齢は同じでも、生まれ月による月齢差、地域や家庭環境のちがいや保育年数差などが、心身の発達に個人差をもたらし、子ども自身に選択させれば、暦年齢が五歳であっても、むしろ四歳児クラスに同質性を求めて、居心地のよさを感じることになる。とくに統合保育では、年齢別クラス編成の厚い壁が、障害児の安定をおびやかす例は少なくないのである。

荒井洌[3]は、北欧の保育所は学校的でなく、家庭的であるべきだとする考え方が一貫して見られ、"day home"を基盤としており、子どものグループ構成のモデルが"Family"に求められていると伝えている。「ファミリーは当然のことながら、同年齢の者だけによる集団ではない。英語では、"sibling group"スウェーデン語では"syskon grupp"と表現される。異年齢の子どもたちによって構成される集団である。日本語に翻訳すれば〝きょうだいグループ〟となる。異年齢の者同士の交流という点に幼児期のあり方にとっての価値を見出しているといえるだろう」としている。また「このことを強いてわが国の保育用語に置き換えてみるならば〝たてわり保育〟といったものに該当するだろう」と述べている。

一九八七（昭和六二）年度、私も一年間、公立保育所で三、四、五歳を対象に異年齢によるクラス編成での保育に参画したが、予想した成果をあげられたと評価している。とくに初めの段階で不安をもち懐疑的ですらあった保母が、最終段階では、そのよさを実感し、感激していた姿が印象的であった。しかし、保母たちはこの異年齢集団をクラス感覚で捉えており、〝きょうだいグループ〟という意識はみられなかった。その理由の一つに集団の大きさがあると思う。スウェーデンの社会福祉庁が、一グループ当たりの許容幼児数として指示している数値は三～七歳が十五人、保育者数は幼児五人に一人であるが、われわれの場合、集団の大きさは二十二、三人、保母は一人であった。たての集団をベースに、年齢別保育あるいは解体保育などを取り入れていったが、その中でのフリーの保育者の存在は実に力強い支えであり、今後の取り組みに示唆を得たのである。

国語辞典をみてみると、「編制」は、団体・軍隊を組織すること、「編成」は、あみつくることとある。今後のクラスは、柔軟な要素を含む後者によって創出されるべきである。

注

（1）守屋光雄『遊びの保育』新読書社、一九七五年、六三ページ。
（2）秋山和夫・森上史朗編著『保育方法と形態』医歯薬出版、一九八四年、一三～一四ページ。
（3）荒井洌『「北欧の幼児保育」―保育界―』日本保育協会、一九八七年、三〇ページ。

五　ノーカリ論

一九六五（昭和四〇）年に第一次「保育所保育指針」が刊行されてから約二十五年間、改定されることがなかった。その中で次第に問題が顕在化してきたのがいわゆる「指示待ち症候群」の出現である。「言われたらする」「言われた通りにはするが、自分から進んで何かをしようとする意欲がない」、また「指示されたこと以外は無関心。創意工夫が乏しい」といった傾向が見られたことに危機感を抱き、検討した結果、その原因がカリキュラムにあることが指摘されたのである。昭和五〇年代の後期「ノーカリ論」が拡がり、多くの保母がこれに共感し論を呼んだ。だがノーカリ論をカリキュラム否定論、無用論とした実践では、実践のよりどころがないこと、さらには方向性がつかめないことによる不安が大きく、自信がもてないという声が聞かれた。

そこにノーカリ論の誤解がある。ノーカリ論が〝ノー〟と主張している問題は、大きく二つあげられる。その第一は、極めて個人差の大きい乳幼児を年齢別集団として一つのカリキュラムで対応しようとする画一性である。その第二は、カリキュラムのもつ統制的性格に対するものである。すなわち小学校のカリキュラムをモデルにしていることである。学校教育では、先人から受け継いできた文化遺産を継承していく役割や新しい知識や技術を伝達する課題をもつため、教育内容に一定の基準が設定され、教師主体の活動となる。しかし就学前の子どもの場合、「教育」と言わず、長く「保育」と称してきたことにも明らかなように、少なからず趣を異にする。さらに「幼稚園教育要領」も「保育所保育指針」も保育内容の「ねらい」について、子どもに育つことが期待される「生きる力の基礎となる心情・意欲・態度などである」と記されていることを重視すべきである。

研修会では、まず保育実践の「記録」をとることを課題とした。今日、この子どもは、どんなことに興味をもち、どんな風に遊びを展開したか。また生活面ではどうだったかなど、ありのままを記録し、それをどう受けとめるか、話し合ったところ、すべての保母が、それを評価・反省し、これからどうしたいかを述べたのである。それが「計画」ではないかと改めて確認したのである。そのことを踏まえるとき計画は反省の資料（記録）であるともいえる。また計画は個人差の大きい三歳未満児は個別に、三歳以上児は個別配慮を加えることが望ましい。

しかし「計画」は、こうしたい、こうすべきだとする保育者の意思であり、仮説である。子どもがどう反応するかは予想外のことが多い。それがノーカリ論の根拠になっているとしたら残念である。そのずれによって子どもの本音や保育者の予想のどこに問題があったかが分かってくる。こうした反復により子どもに対する確かな洞察力が育ってくると思う。

ノーカリ論にとびつく背景に安易さへの逃避がないか、自己評価（省察）が必要である。

六　現代の子育てを考える

一　現代の子育ての特徴——少子化

現代の子育ての特徴は一口に言えば少子化ということである。今、子どもの数がどんどん減少している。一人の女性が一生かかって産む子ども数が二・二人だと人口が維持されていく。一時、一・五七ショックなんて言われたが、さらに一・五を割り、一・四六という状態になり、もう歯止めがきかない。子どもの少ない現実のなかで子育てをしなければならないということが第一にあげられる。

二〇一〇年になると高齢者の割合が多くなり子どもの数が非常に少なくなってくると言われている。女性は、子育てをする楽しさや意義を自分自身で感じて欲しい。そのためには社会が子育てを応援していかなければいけない。応援の仕方はいくつかあるが、保育所の存在が、これから一番大切ではないかと思う。

二　世代間の子育て伝承機能の低下

家庭や地域社会の子どもを育てる機能が弱体化してきている。私が子育てした時は、まわりの人たちが新米の母親にいろいろなことを教えてくれた。それも改めて教えるというのではなく、日々の暮らしのなかでおばあちゃんも近所の人たちも子育てに参加しながら、実際的な知恵を教えてくれたものである。

昔の人は育児に関する格言（ことわざ）をたくさん知っていた。自分が育児の勉強をするようになって、「すごい格言だな」と思ったものもたくさんある。例えば「一人立ちは尻もちやせ」。赤ちゃんは最初はつかまり立ちをする。つかまり立ちは支えがあるから、沈む時もやんわりと沈む。ところが何もつかまらなくて立っているとバランスがとれないから、本当にドスンと尻もちをつく。しかし自分がついた尻りもちでは泣かない。何となくてれくさそうな顔をして、もぞもぞ起き上がって、また揺れて、ドスンと尻もちをつく。だから一人立ちをしている時期はやせるというわけである。しかしそれは、この現象を説明しているだけではなく、裏返せば「やせるほど尻もちをつかせなさい」ということなのである。「なまじ支えたりせずに何度も失敗させなさい。そうしたら、足腰も強くなる、いろんな力がついてくるんだ」という格言である。こういうことを子育てする中でどれだけ教えられたか分からないが、今は聞かなくなってしまっている。世代間の子育て伝承機能が低下してしまった。

現代は子育てがやりやすく、またやりにくい時代である。やりやすくなった理由には、医学や環境保健が整備されてきたということがある。かつ、やりにくくなった理由は「情報が得やすい」ということ。情報というのは諸刃《もろは》の剣である。実態が伴わずに頭ばかりでいろいろなことを知ってしまう。親やおばあちゃんから吸収するのは具体的に実生活のなかで教わり、個別化されているから力があるが、今は、そういうことがないのでいろいろな情報に振りまわされてしまう。

今の学生たちは、保育者志望でも、子どもをほとんど知らないで育っている。保育実習に行って、可愛いはずの子どもが全く言うことをきかないと、がっかりして帰ってくる。よく聞いてみると、その学生は一人っ子でそのお母さんも一人っ子だったりする。それではと、夏休みに近所の子どもの観察記録をとらせてみると、「先生、子どもがいません」。近所に子どもがいなくて、子どもに触れることさえ困難というのが今の状態であるから、子どもと触れ合いをもったり、関わったり、まして世話をするなんて経験が全くない。あらゆる意味で子どもと子育てについての知識や経験、実際面での伝承を受けていない。

それで、保健所に「カンの虫ってどんな形をしてますか」と、アッと驚く相談をしてしまう。もはや親が駄目とか、家庭が駄目という状態ではない。昔なら自分が育つ間に年上や年下のきょうだいやきょうだいの子どもに触れる。その中でいろいろな経験をするが、そんなことが全くなくなっている。

三　家庭・地域社会の相互扶助機能の弱体化

家庭や地域の相互扶助もなくなってしまった。私は一九一八（大正七）年生まれだが、当時は子どもを育てながら仕事をもつ、などというのはとんでもないことだった。それで、私も子どもが生まれたら仕事をやめて家庭に入り、十年余り子育てに専念した。でも、その間、一人でひたすら子育てをしていたかと言うとそうではなかった。都会のサラリーマンの家庭だったが、それでも家庭には年寄りがいるし、近所に主婦や母親の先輩がいて、子育ては共同作業だった。「忙しそうだね、孫とちょっとその辺を散歩してくるね」とおばあちゃんが子どもを連れて外へ出てくれたり、「ごはんをゆっくりおあがり。子どもを見ていてあげるから」というような形でしょっちゅう育児の肩代わりをしてくれる人がいた。その当時はどこもそうだったから、特別ありがたいとは思わずに当然だと受けとめていた。

それが、自分の子どもが孫を出産、育児をする頃になると、私は仕事をもっていたから日常的に手伝ってやれない。日曜日に孫を連れて嫁や娘が「ああ、ゆっくりする。家で一人で子どもを見ていると、トイレにも落ちついていけない」と言う。その時、初めて「私は幸せだったんだ」と思った。

その結果として、0、一歳児をもつ母親に、育児ノイローゼ・育児不安という状態が出てきた。それも、かつては育児ノイローゼや育児不安で止まっていたのだが、今日ではもっと深刻になって、虐待までいってしまう。はっきり統計に現れる数も増えているが、顕在化しない部分で非常に多くなっている。家庭のことはシークレットだから内容は分からないが、子どもを叩く親というのはものすごく多い。自分でも何故叩くのか分からないけれど、カッとなってしまう。暴力はいけないという理性はあるから、ひどいいじめにはならないけれど、陰湿な形で子どもに当たる例が多くなっている。

都市化した社会環境の一番の弊害は各家庭が孤立していて連帯がないということである。マンションはドア一つ閉じてしまえば、他との交流がない。その上、核家族で両親と子どもだけ、しかも都市化したところは、サラリーマン家庭が多いから、夫は朝早く出勤して夜遅くまで帰ってこない。朝早くから夕方まで母と子だけで、一人っ子の場合は、母子というたった一つの人間関係しかない。そういうことがストレスや不安感を高め、子どもに当たったり育児ノイローゼになる人もいるが、逆に親の願いを子どもだけにかけてしまう母親も少なくない。夫と触れ合う時間が少ないし、近所との付き合いもない。「この子が命。私の生き甲斐」となって極端に母子関係が濃くなり、子どもの人格や自発性を尊重するより、自分の所有物みたいに抱え込んでしまう。私が父親の分も愛して面倒をみてやらなければならない、と思い詰めているのだか、実際はあらゆる願いを子どもにかけていて、過保護・過干渉・教育過熱という状態が出てきてしまっている。

また、少子化は、親との関係で出てくる問題だけでなく子ども自身の育ちの環境としてもさまざまな問題を起こす。一人っ子で地域には友達がいない。人間は、他人に対して自分がどう接していくかを決断し、選択して行動し、それを通じて自己を確立していく。相手がいて自分というものが分かってくるので、いつも自分だけでいると自己発見ができにくい。

それ以外にも都市化した環境のなかで子どもの時代から実体験が少なくなってきている。このように、今日の家庭・地域社会では過去にもっていた「育児力」が弱体化し、むしろマイナス面が大きくなっている。

四　子育て問題の普遍化

次に挙げたのは、東京都の出したデータである。０歳のところを見ると、保育所に入園している子は三・四％

学齢未満児童の保育園等の利用状況（平成元年）

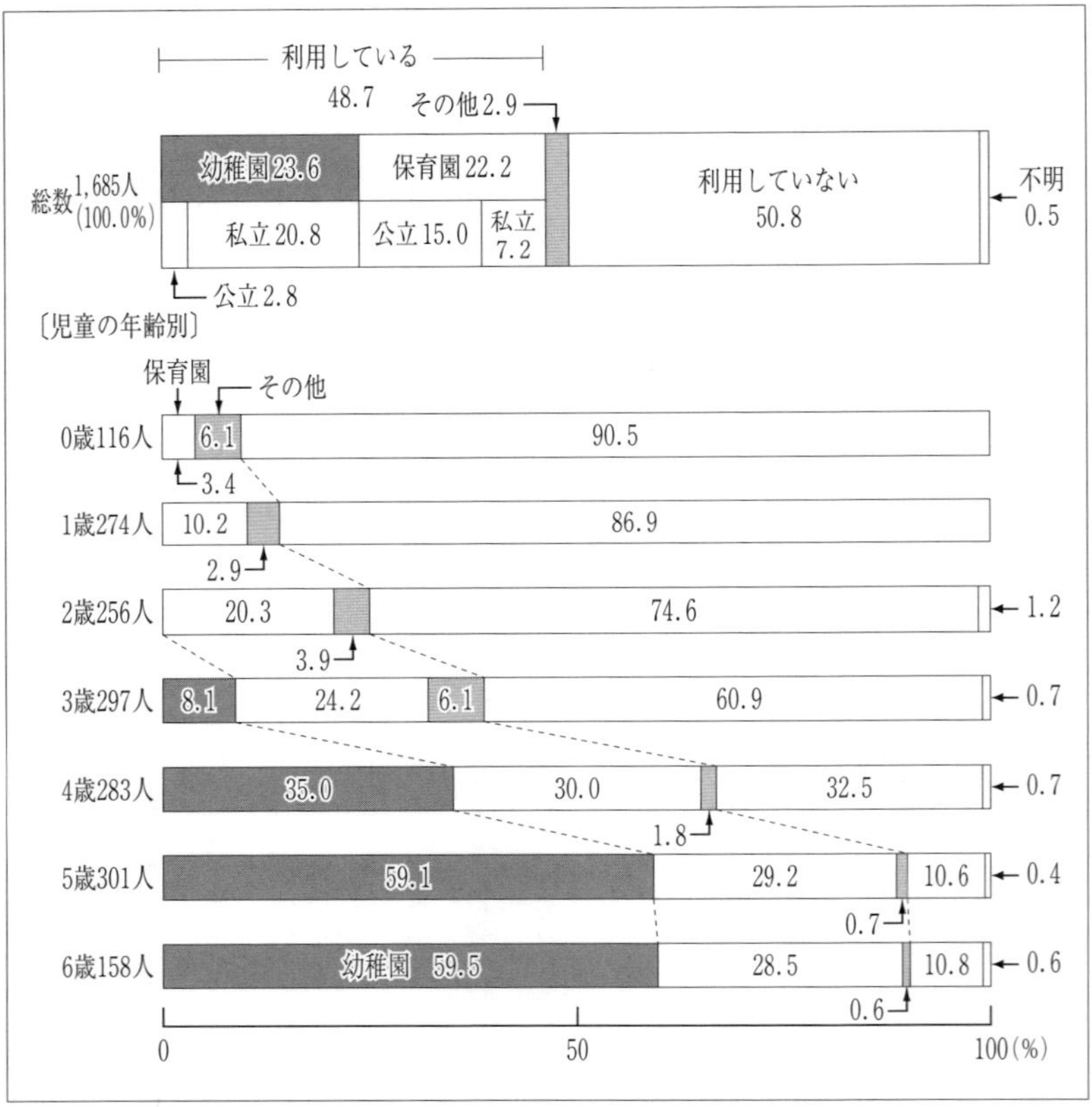

資料：「東京都社会福祉基礎調査」東京都福祉局，1990年。

である。無認可保育所などその他を併せても、家庭外保育を受けている子どもは一〇%に満たない。あとの九〇%は家庭で育っている。一歳になると家庭外保育を受けている子どももかなり増えているが、それでも三歳までは家庭で育てられている子どもが非常に多い。今まで私たちは家庭で育つ子どもに対して「この子たちは大丈夫だ。幸せだ」として、「保育に欠ける子ども」の方に注目してきた。親が就労で一定時間子どもをみることができない。そういう子どもたちに対して社会的な支援をしていかなければならない、と保育所は努力をしてきた。

国の施策資料をみると、新しく出てきた言葉がある。それは「家庭における子育て」である。今まで家庭に両親がいて、しかも、母親は子育てに専念するというのは、子育てにとても良い「恵まれた家庭」だと思っていたが、そこに出てきたさまざまな問題に目を向けていかなければならない。別の言い方をすれば、「家庭で子どもを育てることを選択した女性」には行政は今まで何もしなかったが、そこにもしっかりした支えをしていかなくてはならない。これまで、考えもしなかった課題が出てきているのである。

今まで、子育てに関しては、問題がある特定の家庭が前提とされていた。今はそうではなく、子育ての問題が普遍化している。普遍化のなかには、精神的なことだけではなく、具体的な生活の面でもろいということも含まれる。子育てを担当していた母親が病気になるとか両親が倒れたといった事故があると、子どもはすぐ「保育に欠ける状態」になってしまう。

また、家庭での子育てを選択した女性たちは、働くというのは無理でも社会参加をしたい。ボランティアをしたい。あるいは子どもの手が離れた時のために子育てをしながら技術や知識を身につけたいとか。もう子育てだけでよいという人はほとんどいないから、女性が家庭のなかで閉鎖的にとどまっていられない。いろいろなことが変わってきている中で、女性だけに過去と同じあり方求めるのは無理な話である。それで本当に幸せになれるならよいが、女性の長い一生や社会構造を考えると、とてもそうとは言えない。でも、そのことは都市化、分断化した家庭の子どもにとっては自分の権利が脅かされるということに繋がってしまう。子育て環境はどんどん変わってきているから、家庭や親の責任だけいっても問題は解決できない。それにこれから生産人口が減っていく中で、女性の社会参加は個人の問題だけでなく社会的な課題である。

五　家庭における子育て支援

働いている場合は歴史的にも保育所という制度があって、支えていくことができるが、仕事をもたない家庭にいる母親に対してどういう援助をしていけばよいかということが大きな問題になっている。

次の図表は、国が考えている子育て機能の支援プログラムである。

保護者への援助として「保護者等への育児講座」というのがある。親の子育ての力量を高めていこうとするものである。講座はテレビや育児書とは違って人間対人間で話しを聞けるが、それでも知識だけになってしまう。育児行為が伴わないため、実際は育児場面から遊離してしまい、聞いたことを実行に移そうとすると混乱してしまう可能性もある。育児講座を考えるときに実技・実習を入れたプログラムを作ることが必要である。見学的なことから始めて、子どもと一緒に遊んだり、世話をしたりするのも効果的である。

兵庫県では「未来の父親・母親教育」として、高校生や大学生向けの体験学習がとくに活発に行われている。男も女も育児参加をし、親になる基礎学習をするというのが平等な教育である。いろいろな調査を通じて、保育所へ通う子どもの親は男女共に育児に参加する傾向が強いことが分かっている。日本では男性だけが働いている家庭での育児参加は非常に少なく、国際レベルでみても、ダントツに低い。だから体験学習というのは、女子だ

保育所による子育て家庭支援事業

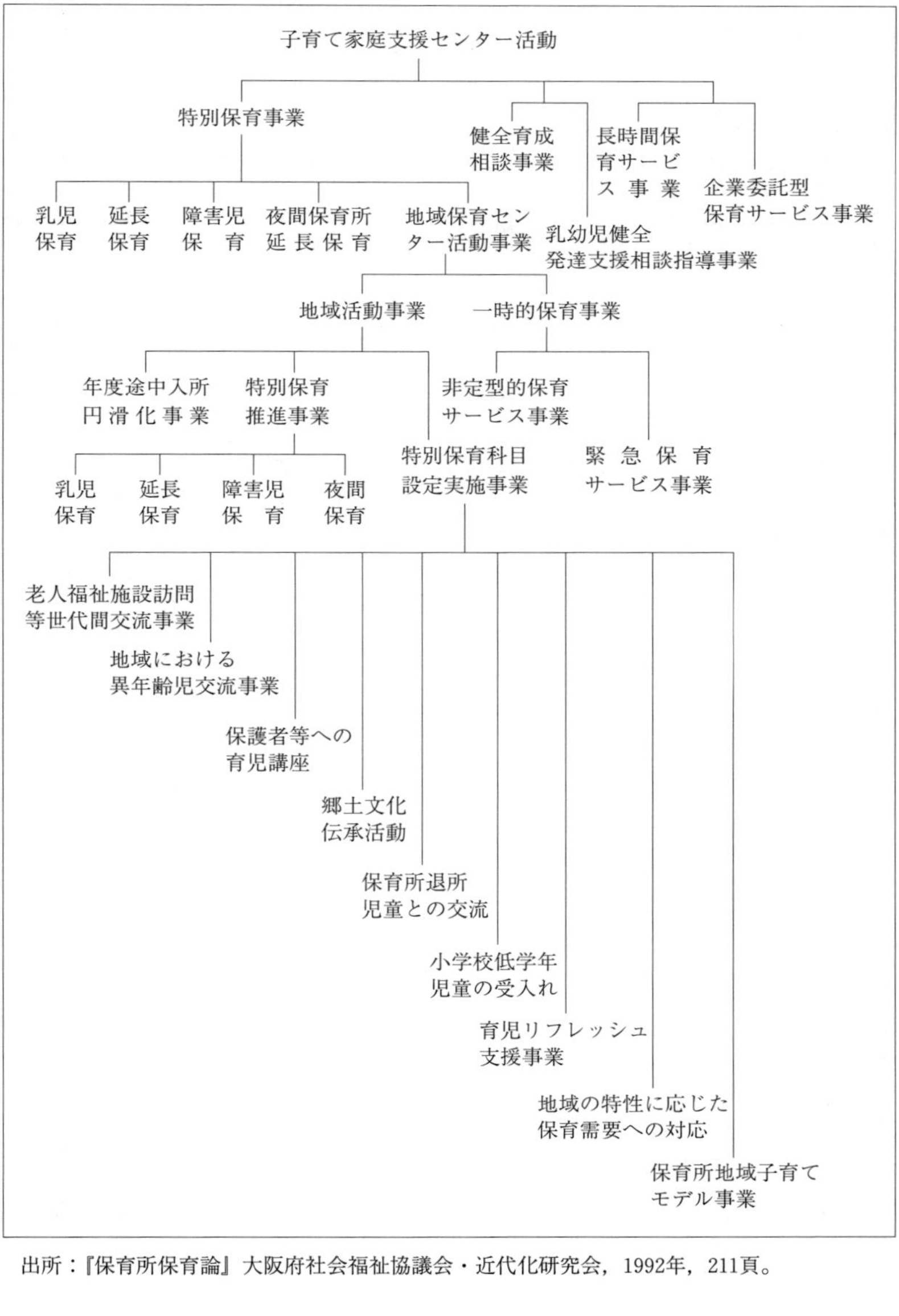

出所：『保育所保育論』大阪府社会福祉協議会・近代化研究会，1992年，211頁。

けでなく、男子も経験することが大切である。

ほかにも、兵庫県では「育児リフレッシュ支援事業」に取り組んでいる。リフレッシュというのは一時的に子どもを預かり、親を育児から解放し、ストレスを解消してもらうのが大きな目標で、兵庫県の場合は預ける理由を問わない。これが発表された時には、「子育てが大変なのは親として当たり前だ。甘やかすな」という反響があった。またリフレッシュを引き受ける保育所などから「私たち保母のリフレッシュはどうしてくれるの」という反発もあった。でも、「昼間母子世帯」で朝から晩まで子どもとつき合っているのでは、ストレスがあっても当たり前である。自分でストレスを解消する方法を探していくのももちろん大切であるが、社会も支援していく必要がある。

六　女性の社会進出と子育て問題の多様化

もう一つ、女性の社会進出の増大というのが今日の子育て環境の変化の特徴である。社会進出といってもいろいろあるが、はっきり拡大しているのは就労である。

女性が社会で安心して働けるために援助することは極めて大事なことである。共働きと子育ての両立支援という、従来からの課題であるが、そこでも保育要求の多様化という新しい課題が出てきている。

昔は働く条件は大体ワンパターンだった。月曜日から土曜日まで、九時から五時までというふうに。今日のように第三次産業の割合が増え、とくに女性の職場がサービス産業やレジャー産業に広がると働き方が変わってくる。土・日曜日が一番忙しくて休みは平日の職場もある。早朝勤務の外食産業もあれば、朝は遅くて夕方の閉店が遅い職場もある。したがって子育てに現れてくる問題も非常に多様化している。

土曜日や日曜日が一番忙しいという職場が多くなっても、認可保育所は日曜・祝日は対応しない。大分市が休日保育をしようということで、三千人の保育所の子どもの家庭を対象にアンケートをとったところ、百八十一人が両親とともに休日勤務をしていて、休日保育を求めていた。そのうち、有料でもして欲しいという人が百四十二人あり、休日勤務への要求が切実だということが分かる。国はまだ休日保育を制度化していないので、大分市の保育所の全部は無理だから、三カ所で開くという実施計画である。

七　これからの子育て──「自助」「共助」「公助」──

これからの子育ては自助と共助と公助が必要である。子育てを全面的に人に任せるということはできないから、自分で解決する「自助」の姿勢がなければ問題は絶対解決できない。保育所は専門的に保育に取り組んで非常に大きな効果をあげているが、一日のうちの限られた部分でどんなに素晴らしい保育をしても、ブツ切れになってしまう。一週間したらお休みし、一年たったら担任が変わる。子どもの権利条約にも子育ての基本は家庭であり、親だとはっきりうたわれている。それがないと子どもは不安定になる。どうしても家庭が得られないという事情はもちろんあるので、その場合は固定した人が親の代わりをしていくことになる。

その子どもと命ある限り関係をもっていくのは親であり，家庭であるから、子育ての援助と言うとき、自助力を高めていくことが重要になってくる。自助力を高めるために親の側もしなくてはならないのが両親の共同参加である。お父さんがノータッチでお母さんだけ苦しんでいるというのでは、自助にはならない。お父さんが直接おむつを換えたり、ご飯を食べさせたりという育児行動や、育児に理解を示し、励ますことでお母さんの精神状態がよくなり、子どもと良い関わりができると言われている。

兵庫県の施策で「市民参加の子育て支援」というのがある。高齢者が育児アドバイザーという形で家庭での子育てを支援していく。実はとても面白い調査結果があり、自分の親、とくにおばあちゃんに手伝ってもらうのは嫌だけれど、よその老人ならいい。夫婦の協力体制に加勢するのは第三者的な存在の方がよい結果がでるようである。

次の「共助」というのが他人による支え合いである。伊丹市の「留守家庭児童会懇話会」で学童保育の今後について話し合いを持った時、正月休み中の学童保育や、一定時間後の延長をどうするかが問題になった。ニーズがある限り開くべきだという考え方もあるが、一人や二人のために施設や電気を使い、指導員のオーバーワークを招いてもよいのだろうか。例えば六時でお終いになって、その後は地域の家庭でボランタリーな協力が得られないだろうか。そう言うと「地域に頼むのはしんどい」と言うのである。何かあると人間関係がややこしくなるし、密度の濃い繋がりのなかでは、かえって頼みにくい。こんなふうに、地域全体の「共助」を作っていくのは非常に難しい状況がある。

私は「共助」をどうして作ったらよいかということが、保育所や幼稚園の大きな課題になると思う。そういう施設が接着材となり、親同士の連帯感を育てていく。リフレッシュ事業や園庭開放、育児講座、緊急保育などはりする。

「公助」である。学童保育にしても、公的補助である。ところが、公的補助には限界がある。保育所には保育所に措置されている子どもを守っていくという本来の課題がある。預かる人数にも余裕がなくて限られてしまう、リフレッシュ事業を申し込む人がどんどん増えていくと行き詰まることになる。応募人数が多いとカットされたりする。

公的援助は起爆剤である。保育所や自治体など公的立場の責任は、先鞭をつけその仕事の良さや大切さ、やり方を浸透させていくことである。何かが起こらないとリフレッシュ事業が、今求められているということにさえ気付かない。次にそれをもっと拡大していろいろなところでできるようにし、親が自分たちで行っていく。共助に移すのである。神奈川県では、コミュニティ保育という共同保育を行っている。専門の先生が参加して援助体制をとっていて、集いのなかで親が相互に学び合っていく。現代の子育てを考える時に多くの資源をもっているのが「共助」の領域で、それをいかに育てていくかということが非常に大切である。

最初は保育所と親との関係から始まり、それを続ける中でグループができていく。一方、子育てについてのいろいろな学習をして、自分自身を高め、子育てボランティアとなる人も出てくる。その人たちが中心になって共助の活動をしていく。でも、それだけに頼っていては解決できない問題がある。特別に組織的な援助を考えていこうというのが行政の家庭外保育のプランである。

共助資源のなかに今までは、良くないと言われてきた無認可施設というのがある。こういう施設は公的規制を受けないから、質的にはピンからキリまである。素晴らしい保育をしているところがあるかと思うと、泣いた子どもを放置する「泣き部屋」があるようなベビーホテルもある。認可施設では一人一人の細かい保育ニーズには応えられないから、良質な無認可施設は必要である。

「家庭保育所」というのがある。これなど民間のエネルギーを利用した公助で、どちらかというと共助的である。

自助、共助、公助はバラバラでは成果が望めない。保育所が核となり、そこに家庭保育所やボランティアが接続する。そうすると保育所で突然熱を出した時には、家庭保育所や保育ボランティアに援助を受けることができる。一方で、保育ボランティアはいくつかの保育所と協力して課題を分担する。最終的にはこれからの子育ては、分断されたものを再構成するコーディネート、ネットワークが必要である。そのことが育児力を拡大し、高めていくことになると思う。

以上はいずれも、保育士の研修、母親の子育て講座で用いたものである。もちろん過去のものであるから統計資料は古い。しかし、これらは今日においても大切な基本的な事項と捉えられる。

第Ⅳ部　私の生い立ち

一九一八（大正七）年七月五日、今の北朝鮮、旧感鏡南道元山府で生まれた。学生や現場の保母たちにたずねられて、年号で答えてもピンとこないらしい。でも「大正の米騒動の年」だと言うと、「ウワー、歴史上の人物」とびっくりする。たしかに、本年七月で満九十歳である。よくもまあ、こんなに長くと自分でも信じられない思いである。

一　父のことと母のこと

父の生家は杵築藩（大分県）に仕えた武士だった。杵築藩はいわゆる外様大名の監視役として配置された徳川家の親藩だから小藩だったと思う。祖父の記憶はないが父の兄の顔や姿はかすかに覚えている。正に古武士の面影だった。どんな身分だったか確かなことは知らないが、瓦屋根付きの門構えをいとこたちは自慢気だったから、何かの役付きだったかもしれない。父が分家するとき、刀はすぐ手に入るけれど、これは武士の証だと、槍の穂先と鉄扇を贈られた。

父は次男として家長を助け、実生活の責任を負う立場にいたらしい。当時の武家の子弟の将来は軍人になるか教育者になるかが主な選択肢だったが、父は教育者を選んだ。朝鮮に渡ったのは教育体制づくりにあった。しかし個人的には内地（本土）より給与水準が高かったこともあったのだと思う。私が生まれた時、父は元山府の小学校長だった。のちに女学校長を兼ねていたが、朝鮮の普通（義務）教育の普及にも努力したと聞いている。

父は寡黙、落ちついたひと口で言えば温厚と言えるかもしれない。私は父が激しく感情をあらわにしたことは記憶にない。皆からは人格者と言われていたらしいが、謹厳居士かといえばそうでもない。碁がすきだったけれど、マージャンも楽しんだ。また観世流の謡曲も趣味の域を超えていた。よくわが家で碁会やマージャン大会や謡の会が開かれた。オナラ百態――風呂の屁は背中伝いに這い上がり、ズボンの屁、右と左に泣き別れ―などとまじめな表情で川柳を語る父にびっくりしたこともある。

私は兄と妹の三人きょうだいだった。妹はおっとりした明るい丈夫な子だったが、女学校四年の時、学校で一斉に実施されたチフスの予防接種で、思いもかけず真正チフス症状となり、それから次々と内臓障害が生じ、とうとう女学校卒業を目前にして他界した。その時に教師、中学生、女学生の十名余りが被害を受けたが、死亡したのはたしか二〜三人だった。妹の死で本当に一夜にして父の頭が白髪になったのには驚いた。そんなことは小説の世界だと思っていた私は声もなかった。どんなに妹の死がショックだったかを思い、胸がしめつけられた。

父は子どもたちにお説教みたいなことはしなかったが、母の言うことを聞かない時は、私のおでこを二本の指ではじいて叱られたが、とても痛かった。

奈良女高師の卒業旅行は、奈良から敦賀港に出て、そこを起点として満州から、朝鮮を一周する大旅行だった。満州の旅を終え、明日は朝鮮という夜、宿舎のホテルに「チチ、キトク」の電報が届いた。皆に励まされ一人で京城まで夜行で帰り、もう話のできない父の臨終に間にあった。時がたつとともに、私はどんなに父に愛されていたか、エピソードの数々が思い出された。奈良女高師の入試は、東京女高師とともに京城で出張入学試験が実施されたが、その二日間、父は朝から夕方まで父兄控室でじっと待っていてくれた。

母の生家は、前にも述べたが、江戸時代からの町医者で、母は男三人、女三人きょうだいの次女である。代々長崎で医療の道を修めたと聞いている。私は幼児期アイノコとはやされたことがある。目が二重まぶたで瞳が茶色がかっていたからである。母の二番目の弟（私の叔父）も、どことなくエキゾチックな風貌があった。私は皆が他界したずっとあとのことだったが、もしかしたら、ご先祖様の誰かに長崎で何かロマンスがあったのかもしれないと、ひそかに思いをめぐらしたことがある。もちろん誰にもこんなことを話したことはない。私の不遜きわまりない勝手な妄想に過ぎないがときめく思いだった。外科医だった叔父は私に医者になれと熱心に勧めたが、私はメスと聞くだけでふるえる始末で、それは泡と消え去った。

母はとてもしっかりとした進取の気性に富む人だった。シンガーミシンの販売をかねて洋裁の講習会があると必ず受講していた。今思うと大正の終わりから昭和にかけてだが、編物、フランス刺繍、お菓子づくり、料理講習などがあって母はとても楽しみにしていた。私は小学校低学年だったが、そのことで専業主婦としての母に不満を抱いたり、寂しかったりした記憶はない。内地（本土）と離れた朝鮮では、核家族が主体で「地元意識」もあまりなく、旧来の因習にとらわれなかったこと、オモニー（年配の既婚女性）や若い娘をやとって家事や育児の手伝いをしてもらったことなどで、内地の専業主婦に比べ、のびのびと自分が出せたのと、時間的、労力的にゆとりがあったのだと思う。いわゆる、「有閑マダム」も多かったらしいが、井戸端会議を超える個性的なグループ活動もあって専業主婦の解放は進んでいたと言える。

父は定年前に元山府から威興府に移り、道立病院の事務長と看護婦養成学校校長をしていた。そこでは医局の夫人たちの懇親会に母も加わっていたが、その日は父が子どもたちの夕食を作ってくれた。いろいろな食材の入った味噌汁が定番だったが、それが実に美味しかった。でも父は、その時以外は台所に立ったことがなかった。ある夏テニス大会が行われたが、日頃は和服で通していた母が早速ミシンで洋服を縫い、練習したとはいえ、ラケットを扱う姿に目を見張ったことをよく覚えている。

小学二年生の父兄会の個人懇談で母は私のことについて、「いつもキョロキョロしていて、落ちつきがなくて……」と言った時、担任の先生が「それは、好奇心が旺盛だからですよ。あれは何だろうと、知りたい思いが強いからで、心配しないでいいですよ」とおっしゃって下さって安心した、と母から聞いたことがある。何だか先生に分かってもらっているという思いで嬉しかったことは、今も時々思い出す。また、小学校三年生の時、今でいうO―157に感染して死線をさまよったとき、夜を徹して看病している母に、「ありがとう」とかすかな声で言ったとか、母はこれが最後の別れかと切なかったと、私が快復の兆しを見せたとき、しみじみと話してくれた。

兄は母の言うことを素直に聞いていたが、それは母へのいたわりだと兄は私に言ったことがある。私はストレートに母とぶつかり口答えも多かったが、兄と比べて、私の方が母と向き合ってその存在を認めていたのだと思ったことがある。

兄は終戦の年の二月、ニューギニアで戦死したが、私たちがそのことを知ったのは、満州から引き揚げてきてからであった。当時、母は下の子どもの出産の手伝いに渡満し、そのまま終戦を迎えたので、身の回りのものだけを持っての帰国だった。その後は、一人残った娘の私のところで、共に過ごすことになり、家事や子どもの面倒をしっかりみて、私の共働きを支えてくれた。初めは兄の戦死や自分の家の全てを失った悲しみに沈んでいたが、現実の忙しさに追われ、とりわけ、孫の世話を生き甲斐に元気をとり戻したが、わが家を訪ねてくる保育の学生や卒業生に、思い出話をすることで慰めを得ていたらしい。卒業生たちはさぞかし迷惑だったろうと恐縮している。いま一つ困ったことは母の価値観である。男尊女卑でならした九州生まれの九州育ちの母は、男の子、女の子という意識が強くて、娘は「今頃、それは通らないよ」と反発し、息子は「ばばさま育ちは、三文安い」の諺を実感させたことである。しかし、息子が中学に進学したとき、「お母さん、もう授業参観には、おばあちゃんをよこさないで」と言い出し、母が何より楽しみにしていることを、どう納得させようかと苦慮した頃から、過保護・過干渉は少なくなり、母は次第に自分の新たな生き方を見出してくれた。昼間、私たちが不在になるので、いつの間にか、わが家は近所のお年寄りの集会場となり、ご詠歌や民謡を楽しんだり、だべりんぐに花を咲かせたり、母は幸せだったと思う。仲間の人々と一緒に観劇やツアー旅行に出かけたりもした。仕事に追われて私がゆき届かないところを、わが家を訪れる若い人や隣人に支えられ、深い感謝である。

　母は病院で最期を迎えたが、ようやく医師になった孫の隆志が見舞いに来ると、その喜びようは格別であった。毎日看病に行く私と娘は「私たち、看護ストライキをしようか」と言ったほどである。ところが、ひ孫の香が「ひいばあちゃんは、隆志叔父さんと戦死した尚男大伯父さんの区別がつかないのと違う?」「きっと、自分の息子に看病してもらっていると思っているのよ」と言ったのである。成人した孫の隆志は、出征前の兄の姿に見えても不思議はない。私は、心から「よかった」と思った。娘も同じ気持ちで見つめていた。

最愛のわが子を戦争で失った母は、きっと心やすらかに旅だったのだと思った。ところが、私の方は翌日の午前中に、大阪のフェスティバルホールで、ひかりのくに社主催の「夏季保育大講習会」での講演が予定されていた。この段階でプログラムに穴をあけることも、代わりをお願いすることもできない。講演終了まで伏せておいてもらうことにし、一応の責任を果たしたが、終わったときは、体中の力が抜けていくようだった。

二　子ども時代

正直いって記憶は鮮明ではない。近所の子どもたちと月並みの遊びをしていたことをおぼろげに思い出す。幼稚園には行かなかった。かかりつけのクリスチャンの歯科医の子どもに誘われて、教会でクリスマス会の劇や遊戯の練習をしたことは覚えているが、その子も幼稚園には行ってなかったと思う。

元山府は、日本海に面した港であったから、倉庫が立ち並んでいたが、そこに溢れんばかりに、ロシア革命から逃れてきた白系ロシアの避難民がいた。私は親に連れられて慰問に行き、ビスケットをプレゼントした時の断片的な光景、なぜか男の人がタップダンスのようなものを踊った姿と、自分と同じ年頃の子どもたちの不安そうな表情がともに浮かぶ。それは後年、私自身が満州から引き揚げるときの集中営――それもやはり倉庫だった――の体験と重なっている。倉庫暮らしの避難民の間に悪性のはしかが発生して、訪れた日本人に伝染し、随分たくさんの子どもたちが死亡したとか、私の家をはさんで両隣りのほぼ同年齢の子どもが亡くなったのに、私は命を取りとめて、両親はほっとするとともに、とても辛い思いをしたらしい。「あなたは生き残りの幸せ者」だと誕生日などによく聞かされた。

その頃、就学前の私は妹を連れて、父のもとにお昼のお弁当を届けるのが日課であった。記憶ではゆるやかな坂道で少し距離があったが、父が「有り難う」と喜んでくれるのと、机の引き出しから小さなキャラメルの箱やドロップの袋をご褒美に渡してくれるのが、スキップしたいくらい嬉しかった。多忙な父がいつ用意したのかと思ったのは、ずっと大きくなってからだった。

小学校にあがる時に、何の準備らしいこともしていなかったが、文字や数はかなり修得していた。幼稚園の経験はなくとも、毎日の遊び仲間たちがいたせいか、小学校入学はスムーズに進んだ。

左から平岡文子（いとこ）・筆者（9歳）・一男（父）・寛子（妹・5歳）・つぎ（母）・尚男（兄・12歳）

母の新しもの好きで作ったお菓子を知人の家にお届けしたときのことは、親しい大人たちの話題になった。もともと内気な兄は、小学校五年か六年になっていたと思うが、母は介添え役として四歳違いの私を一緒に行かせた。兄は、その家の玄関に入りかねて、前の道を行ったり来たりしている。私は兄の手を引っ張って入り、だまって立っている兄の代わりに、母が兄に伝えていた挨拶を、ちゃんと言ったのである。兄はプレゼントの包みをお渡しして、引き止める先様《さきさま》にお辞儀をして、今度は私を引っ張ってそそくさと帰った。この一部始終は、先様が母にした報告であるが、私は物おじしない子どもであったらしい。兄と私の個性の違いははっきりしていた。

それに似たことが転校した威興小学校でもあった。アメリカからあの有名な〝人形使節〟が威興小学校にも訪れることになりクラスの一人が謝辞を述べることになって、毎日その練習が繰り返された。初めは皆で一緒に言い、それから代表の子どもが一人で言うのだが、もじもじしていて言葉もつかえがちである。私は何だかその子が可哀相に思ったことを覚えている。すると担任が突然、「あなた、言ってごらんなさい」と私を指名した。私は繰り返し聞いていたから、すらすらと謝辞を述べた。先生はその子に、「ね、大丈夫よ、また明日おけいこしましょう」と言った。何でこんなに辛そうなのに、またさせるのかと思ったが、あとで、「あの子は、道知事さんの令嬢なのよ」という声を聞いて、子ども心に「そうだったのか」と思ったことがある。その子は本番では、振袖を着て立派に役目を果たした。私に悪気はなくても、そのときの私は本人を傷つけたと思う。それを思いやる気持ちがなかったことに気付いたとき私の心も傷ついた。

忘れられないのは、このクラスで素晴らしい友ができたことである。どんなきっかけがあったのか、自然に仲良しになっていた。彼女の父も教育者で、高等普通学校（朝鮮の子弟のための中学校）の校長だった。小学校五年のとき、父上が健康を害され、京城に戻られたが、彼女が威興を去るとき、クラス全員のほとんどが夕方の駅で見送った。彼女は成績が良いだけでなく、人望が厚かった。京城と威興と遠く離れた彼女と再会したのは、女学校一年の二学期だった。兄の進学や父のこれからのこともあって、今度は私たち一家が京城で暮らすことになり、私は女学校の編入試験に合格して、所属したクラスに彼女がいたのだ。本当に嬉しかった。三年生のクラス替えで別のクラスになったが、夏休みの共同研究をはじめ、いろいろと交流を重ねた。彼女は早くから東京女高師をめざしていて、お互いに励ましあった日々が懐かしい。その後、同じ場で一緒に過ごすことはなかったが、今もなお子ども時代からの心情は変わらず、心のよりどころとなっている。

三　少女時代

振り返ると少女時代は、戦争の時代の始まりだった。女学校一年の運動会の午後だった。女学校と川をへだてた向かいの第二十六野砲連隊の正門が開き、聞いたこともないけたたましい轟音と土煙りをあげて砲台を乗せた車が走って行く。演習にしては激しさが違う。ただならない雰囲気に驚いたが、その時は、何事か分からず運動会は続行した。それが「帝国陸軍朝鮮軍司令長官林銑十郎大将、命（天皇の勅命）を待たず大陸に出兵」と報道された世紀の大事件だった。私たちの女学校は、朝鮮軍の根拠地に近く軍人の子女が多く在学していたので、留守家族の問題など、戦争は身近に迫る深刻な現実だったが、世の中は、戦場が遠く大陸だったこともあり、それほどの緊迫感はなかったとも言える。しかし男子校では、軍事教練が盛んになり、私たち女子校では戦時教育が進められ、「国体の保持」「忠君愛国」「銃後の護り」などの言葉が多く聞かれた。部活動で兵隊さんへの慰問袋を作ったり、慰問文を書いたり、街頭で千人針を頼んだり、戦時色が次第に濃くなっていた。もともと校則は厳しかったが、同じ通学路の中学校と女学校なのに、表通りは中学生、裏通りは女学生と区別され、質実剛健が強制された。当時唯一の娯楽といえる映画も、学校指定のもの以外は禁止だった。そんな中で少女雑誌を通して吉屋信子の小説に憧れたり、宝塚や松竹の少女歌劇にオネツをあげて、男役を真似て、キミ、ボクなどの言葉が流行し、先生方をなげかせた。識者はその心理を「疑似戀愛」と評してもいた。戦時下の歪みとも言える現象かもしれない。また自然な感情の現れだったとも言える。なかでも、水ノ江滝子は「ターキー」と呼ばれ全国的な人気があった。

私の友はすでに父上が死亡していたが東京女高師への志望は確定していた。しかし、私は、奈良女高師をめざしているというムードのなかにいただけであった。はっきり意思表示をしたとき、母が強く反対した。母の友人たちに話をしたら、皆は女の子が上級の学校に行くのはかえって不幸になると忠告したらしい。母がとくに親しくしていた友人は、直接私に、「あなた、めがねをかけているでしょう。めがねをかけた女の子が、そんなことをしたら、お嫁のもらい手がなくなるよ」とまで言う有り様だった。ところが兄は父と母の前で、「今はまだ女が勉強をしたり、仕事をもったりすることは特例的だが、将来はそれが当たり前になり、必ず女も社会に出るときが来るだろう」と積極的に賛成し、父もそれを支持してくれたことが私の将来を拓いた。戦死した兄は、私に最高の贈り物を残してくれたと、身にしみている。女学校は進学指導にはノータッチ、好意的に幾人かの先生が補習をしてくれる程度である。受験の日が迫ったとき、兄が数学が決定的になるからと、過去五年位の奈良女高師の入試問題をみて、出題傾向を予見してくれたが、なんと五問中二問が的中していた。あるいは、それでかろうじて合格したのかもしれない。

兄の書斎は八畳間、私は隣の五畳の和室を勉強部屋に使っていたが、いつも「もう寝よう」と声を掛けるのは兄だった。

ある日、夕方近い時刻に見知らぬ男性がわが家を訪ねてきた。母が応対に出たが、どうやら兄に関係があるらしく、改めて今夜また来るという。何か尋常ではない気配である。母が用件を伺うと、兄の行動に重大な疑惑があるとのこと。母が「あの子に限って、そんなことはあり得ません」と言うと、「親は誰もがそう思っているが、そんな甘いものではない」と激しく言って去った。噂に聞く「特高」だと私は直観した。母は心配で居ても立ってもおれない様子で、大学の研究室に兄を迎えに行き、膝詰めで「本当のことを話して欲しい」と必死である。兄は「何も思い当たることはない」と、きっぱりと言っていた。やがて特高と思われる人が二人来て、兄を詰問し、机や本棚などを調べ始めた。すると、封を切ってないハトロン紙の冊子小包が出てきた。その本が思想的に問題とされたものであった。封を切ってなかったことが、何よりも有利な証拠となったらしく、特高は引き揚げたが、その間の恐ろしさは忘れられない。やがて父が帰宅し、必要なところへ連絡・報告していた。それは一度だけで終わったが、もし兄が封を切っていたら、どうなったことかと思わずにはおれなかった。母は「特高」の前では毅然としていた。

四　奈良女子高等師範学校時代

古都奈良で過ごした四年間、私は恵まれた学校生活を送った。思い出はあまりにも多く、とても語りつくせないが、最も大きい影響を受けたのは寮生活であった。全寮制で、一年間は自宅が奈良市内でも寮生活を送らねばならなかった。学校と寮は緊密な連携のもと、教育方針は寮にも浸透していた。創設以来、女子教育に貢献する人材を育成することは基本方針であるが、根底をなすのは良妻賢母教育だったと思う。私は親元を初めて離れ、十二畳の広い部屋に六人が二人ずつ机を並べる形で過ごしていた。火災で新しく建てられた寮は、四人で一部屋だった。私は六人部屋で、一つの寮は十二人制であった。一年ごとに卒業生を送り出し、新入生を迎えて四年間を同じ部屋で過ごした。寮には、何時、誰が作ったのか「憲法」があった。第一条――四年生は神聖にして、侵すべからず。第二条――三年生は幹部なるが故に尊し。第三条――二年生は上級生なるが故にその命令に従うべし。第四条――一年生は下級生なるが故に茶を汲むべし。というものだった。茶目っ気のある憲法だが、封建的で、伝統を大切にしていて、そのあり方に強く反発する人もいた。でも私は生まれて初めて親元を離れての別世界での生活が新鮮に思われた。私はあまり丈夫でなかったこともあって、家では過保護だった。偏食もあったし、

筆者（前列左）と友達（奈良女高師時代）

何時も庇われていたので、対人関係も自己中心的な面があったと思う。そうした弱点が寮生活で随分変わり、奈良での四年間は私にとっては、貴重な人間形成（改造）の場であった。

寮では自炊だった。家事（家政）科だけでなく、文科も理科も生活の自立が基本だということで、入寮一カ月は二人ペアで、先輩の指導を受けて炊事当番をしたが、すぐ「お一人でなさい」と突き離された。献立は当番制で別に作成し、寮監が栄養や価格などをチェックしていた。事務室に掛けてある「通い帳」に調理当番が、必要な食材を書き入れておくと、夕刻までに大きい籠のなかにすべてが入っていた。私は初めて、コロッケを作ったとき、もうてんてこまいをした。ポテトのマッシュはいいとしても、調理器具が包丁だけの時代である。コロッケ二十四個分の玉ねぎのみじん切りは、涙ポロポロ、やっとミンチを炒めてマッシュにまぜ、丸めたら、もう時間がない。小麦粉、とき卵、パン粉をつける時、「誰さ、今日もコロッケ、明日もコロッケなんて言ったのは」と恨んだ。その時、すーと寄り添って手伝ってくれたのは、かの神聖な四年生だった。「助かった」、そして嬉しかった。夕食は放課後、早くから取り組めば、大抵の献立は間に合うが、朝は大変、寝坊したら、十二人が遅刻か欠食になる。でも目覚まし時計は使えない。タオルで時計をぐるぐる巻きにして胸に入れ、グッシュン、グッシュンと鳴らしていた人もいた。六時起床、大きな釜にガスを点火するのだが、やはり寝過ごすことがあると、四年生が点火をして、そっと当番を起こしている姿も見た。四年生が神聖と言われる意味を理解できた。心理学の時間、「暗示」がテーマだったと思う。教授が「まどろむとも夢おどろかせ枕神、午前六時」と三度自分に言い聞かせたら、必ず目が覚めると仰った。早速実行したら目が覚めた。その後、私はこれでことなきを得たが、暗示を受けやすい性格なのかとも思った。

当番のときは、「皆食べてくれるかしら?」「おいしくできたかしら」など、いつもどきどきした。この経験で私の偏食は、わがままだと気付いた。戦後、寮は近代化され、個室かせいぜい二人部屋どまり、食事はバイキングやカフェテリヤ方式が好まれるとか、寮ではなく、ワンルームマンションを選ぶ人も多いという。私が四年生になったとき、机を並べたのは、京城よりもっと遠く離れた大連から来た小柄な人だった。長女で妹や弟がいたからか、思いやりや気配りがあったが、同時にしっかり自分を持っていた。彼女は入学後しばらくして、初感染による肺門リンパで発熱が続いた。やがて一時親元の大連に帰省することになるなど思いもかけない事態になったが、彼女はその現実を受けとめ、校医や看護婦の指示を守り、じっと静養を続けた。いよいよ大連に戻る日、一人で寮監に挨拶をした。学校の看護婦が神戸港まで送り届けて戻ってきた時、寮監から「彼女は、とてもしっかりしている。必ず病を克服して戻ってくると思う」と聞かされた。彼女はどんな態度で、どんな挨拶をしたのだろうか。私は終始おろおろしていた自分を振り返るのだった。彼女は病に苦しみながらも、見事卒業を果たした。卒業後は、遠く離れ、戦争もあって、会うことは稀だったが、二人共、今日まで生き抜いて、得がたい友として心の通いを幸せに思っている。

学校は「師表たるもの」をモットーに、堅実な教育を行った。各地で卒業生が女子の教育に力を発揮したことは、世の認めるところだと思う。それは建学の精神でもあるのだが、本当に優秀な個性的な人材が教師として生きることを宿命とされていることに、私は疑問をもった。とても俊敏で行動的な文科の先輩がいた。奈良女高師は、昔でいうバンカラ、今ならダサイということになるのか、服装は地味で、髪はうしろで束ねて襟元に小さなまげをつけていた。東京の叔父の妻は、それが気になって私によく干渉した。私の頃は、まだ、着物に袴が普通だったが、次第に洋服が広がってきた。ところが、夏でも長袖、ストッキングがきまりだった。彼女はその不合理性を訴え、半袖、ソックスを認めさせた。私たちは拍手喝采だったが、彼女はニラマレル存在でもあったらしい。聞くところによると、彼女は新聞記者になることを熱望していたが、学校は認めなかったということである。女子教育の振興はたしかに大切だが、もっと職業選択の自由があってもよいのではと思った。日本女子大は、それが約束されていると聞いて、そうでなくては……と、友達と話合ったが、私たちは、国立で授業料が免除される代わり、二年間教職につく義務が課せられていた。文・理科に比べ、私の属していた家事科（家政科）は、家庭に入る率が高かった。いま一つの不満は、大学機構に属さなかったため、研究領域は弱かったことである。

奈良は、「大和」地区として、景勝に恵まれ、遺跡や行事など歴史的遺産は豊かである。春日大社の御祭・氷室神社での奏能、二月堂のお水取りなどの伝統行事では、通常は見ることのできない部分まで参加が許されるなど、今思うともったいない良き時代であった。

兄は列車の汽笛を聞くと、じっとしていられないという程の旅行好きで、時間があれば、朝鮮から内地を旅したが、その時は一時間、二時間という短時間でも、奈良に立ち寄り、一緒に猿沢の池や飛火野の周辺を散策した。まとまった話とは言えないが、いろいろなことを感じ嬉しかった。

いよいよ卒業を迎えた頃は、文部省の辞令一本で北海道の奥地や都会から離れた地方に就職しなければならない選択なき時代だった。関東地区、関西地区を就職の基盤としていた東京、奈良両校の配置転換も意図的に進められた。京城は外地であるということで、特例的に認められ、私は自宅から通勤できたが、やはり文部省の許可を得るには抵抗があり、母校は努力したとのことであった。

社会人としてスタートしたとき、国家は戦争の長期化に追い込まれようとしていた。

兄は陸軍病院に勤務し、引き続き軍の命令で大学で血液の研究を続けていたが、結婚し子どもが誕生するのを待っていたとき、三回目の戦地派遣の命令を受けた。ある夜、私は兄に呼ばれた。陸軍病院官舎の応接間は、広く重々しい雰囲気だった。兄は私に「もうすぐ軍は出動するが、どこかはまだ分からない。今までは、出動する軍の軍医として従軍し、戦場には行かなかったが、今度は違う。軍とともに戦争に参加するらしい」と説明し、「万一のこともあると思う。諸外国の参戦もあり状況は楽観できない。君には大変な重荷だと思うが、お母さんのことをよろしく頼む。妻と生まれてくる子どもは、妻の実家で両親がみてくれることになるが、必ず力になって欲しい」と静かな口調で話す兄を前に、私は動転していた。「お兄さん、日本は負けない。大丈夫だよ。だから、安心して行って、私は懸命に守るから」と支離滅裂である。結局、私は当時の日本の現状を本当に理解していなかったと思う。神国日本的幻影のなかにいたのだと思う。兄は沈着だったが、私はもう言葉を失っていた。後々この夜のことを思い出すたびに、「軍国少女」「やまとなでしこ」の浅薄さが悔しく、辛い思いを味わい、

筆者（22歳）・尚男（兄・26歳）

自分を責めた。戦後、兄の妻と娘は、妻の実家で娘の成人式を迎えた。義姉の実家もまた、一人息子をフィリピンで失い、二重の悲運を味わっていた。「返してくれとは言わないが、老夫婦のこれからの生き甲斐として、娘と孫を手元において育てさせて欲しい」と義姉の父が話した時、戦争は二度としてはならないと誓った。兄は目にすることはできないが、遺児靖子は結婚し、女と男の子二人に恵まれ、それぞれ本当に幸せに暮らしている。兄が私に寄せてくれた愛情を返すことはできなかったが、これからも見守り続けたいと思っている。

五　社会人となって

念願かなって母校での教師生活である。冷やかされたり、サカナにされたりすることはあっても、新米の私がミスをしないように恩師たちは支えてくれた。生徒は十代の可愛い少女たちである。戦争は日に日に苛烈となり、軍需工場に派遣されることもあり、学校の教育内容も変化していった。だが、若さはそうした中でも明るく、楽しく、先生方も本来の教育内容を密度濃く伝えていた。

社会人になって（22歳）

私は結婚、そして夫の仕事の関係で、義務年限途中で退職、満州に行ったが、そのことを母校に報じたとき、「家庭を守り、よい子を産み育てることも、お国のためです」とかえって励まされたのも、「産めよ増やせよ」の国策だったのかと思った。結婚より、担任の生徒たちとの別れが辛かった。生徒たちはホームルームで泣き、私の家に来ては泣き、後任の先生を困らせたのだった。

そして夫の任地（満州）に旅立つというとき、戦地派遣のため平城に集結していた兄と会うことができた。夫と兄は二人だけで話をしていた。兄は将校用の革の肩にかける小さい鞄と羊羹をおいて隊に戻った。それが兄との最後の別れとなった。戦後二年たち満州から引き揚げた後に、杵築にいた父の末弟（叔父）の元に、「これから戦地に行く、あとを頼む」と鉛筆で書いた発信地不明のハガキが届いていたことを知った。万感胸に迫る思いだった。

第Ⅴ部　「われら大正生まれ」――忘れ得ぬ人たち

1975年「われら大正生まれ」の誓い
安家周子さん（左から２人目）・水島照子さん（中央）・筆者（右から２人目）

私の人生の幸せは人に恵まれたことだと思う。この年齢まで、恩師をはじめ友人、後輩までどれほど多くの人々に育てられ、支えられ、刺激され、励まされてきたことかはかりしれない。忘れえぬ人々は、あまりにも多い。そのなかで、とくに「われら大正生まれ——忘れ得ぬ人たち」を取り上げたのは、かってそうした会をもとうとして集まったことにある。呼びかけ人として準備を引き受たのは、故・水島照子氏（生活評論家）だった。当日、水島さん宅のリビングに集まったのは、佐々木静子氏（弁護士）、末次摂子氏（読売テレビ教育部長）、安家周子氏（あけぼの幼稚園園長）、水島照子氏、私の五人であった。水島さんのその時の挨拶は今でもよく覚えている。

「大正時代は、あまりにも短い。明治は四五年、昭和はすでに五〇年を超えている。その狭間の大正は、正味一三年間である。しかも、男性は第二次世界大戦で最も多くの戦死者を出していて、人口も少なく、大正生まれは明治に押さえられ、昭和に突き上げられて影が薄い。しかし、大正は大正デモクラシーのもと、男女同権をめざし動き始めた注目すべき転換の時代である。今、大正生まれの女性たちが立ち上がり、望ましい女性の生き方を打ち立てなければ、真の自由、権利の保障はないと思う」という趣旨だった。しかし、戦後の昭和においては、それぞれ自分の属する分野での課題に忙殺され、なかなか新しい連携づくりには至らず、国際組織である「日本有職婦人クラブ（BPW）」の会員として問題解決の調査研究や実践活動に参加するにとどまった。そのなかで新しい女性の生き方と子育てについて共感し啓発し合った、水島、岡本、安家の三氏と、遠く離れているが富山県高岡市で私立保育園園長として開拓的な保育活動に真剣に取り組んだ奈良女高師の先輩、堀田光子氏と勤労学生の専門職資格取得に力を尽くした和田治子氏について記したいと思う。

一 「ボランティア労力銀行」を設立した水島照子氏

一九二〇（大正 九）年 大阪で生まれる
一九三七（昭和一二）年 大阪市立清水谷高等女学校卒業
一九三九（昭和一四）年 「French American Sewing School」卒業
一九四〇（昭和一五）年 結婚
一九七三（昭和四八）年 「ボランティア労力銀行」創設
一九九六（平成 八）年 死去

水島さんが、生活評論家として東奔西走、溌剌と活動している時、私もまた保育所保育問題で多忙のまっただ中にいて、一対一でゆっくり話し合う機会はなかったが、婦人問題、家庭教育問題の会合で度々ご一緒した。いつも鋭い視点、豊かな発想に心打たれていた。そんなある時、何の会合だったたか、夕食を共にすることがあり、水島さんと私は同じテーブルだった。コースの終わり近くに若鶏の蒸し焼きが出されたが、水島さんのエレガントなナイフ、フォークの扱いに、私は鮮烈な印象を受けた。どこで身につけられたのだろうかと思わずにはいられなかった。私は、水島さんの科学的な思考、計画的な生活態度は大阪の商家の伝統に由来していると思っていた。私の奈良女高師のよき友人の一人は、やはり大阪の商家育ちだったが、水島さんといろいろな点で共通していた。また、いつか読んだ本のなかに船場のご寮さんの日常生活が記されていたが、きちんと身支度をして、帯をおたいこに結んでからモンペをはき、きりきりと朝仕事を片づけ、終わるとさっとモンペを脱いで来客に接する変わり身のさわやかさに憧れにも似た思いをもったことがある。

水島さんは、よく「私は長い間主婦をやめたことも、クビになったこともないが、主婦だけだったことは一度もありません。お手伝いさんも使わず三人の子どもを育てていたが、かならず社会の何かの仕事についていました」と話していた。そこに仕事と子育ての両立の基本があると私は思った。水島さんは伝統的な商家の生活のなかで、量があっても、質のない時間の使い方を工夫し、それを自分のものにしたと思う。乳児には乳児自身の大切な生活時間がある中で睡眠時間と一人遊びの時間を重視したい。それは見方を変えれば、親が子どもから解放され、自分の時間をもつことを可能にする。また、その間は誰かに子育てを委託することもできる。水島さんは、わが子と同じ年頃の子どもをもつ親と小さなサークルを作り、子どものことを話し合い、学び合い、助け合ったりしている。

それは、国が少子化対策として提唱したエンゼルプランの原型でもあると思う。まず、子育ての自助力を高め、一人では不十分なところを共助力（社会化）によって補完し、さらにその援助を公助（国家援助）で解決しようとするものである。

水島さんは、子どもの成長に即して、子ども自身の生活力を高めるきめ細やかな対応をすることで、自分自身の充実をはかっている。現在、公的な保育事業に関わっている人のほとんどが、「これでいいのか」と悩んでいることがある。それは子育てを公的機関の責任として位置付け、すべてとは言わないまでも、子育てが保育所まかせになろうとしている傾向である。おそ寝、おそ起きの睡眠不足や朝食抜きで保育所に連れてきては、子育て専門機関であっても良い子育てはできない。さらには一つの公的機関として、その運営には限界がある。家庭の自助努力や、家庭を取り巻く地域社会の共助があって、初めて成果があがると言える。ある就労女性は地域に三人の保育ママを委託して、突然保育所で発病したときなどの対応をお願いしている。三人いれば大抵は対応できる。その代わり地域の子どもの行事には、できるかぎりの協力を惜しまない。そうした相互援助（共助）が、労力銀行の原点になっているのである。

ある時、水島さんが「うちの子どもは未塾児なの」と言われた。私はとっさに、その意味が捉えられず、「生まれた時、早産？　低体重児？」と思ったが、塾に通っていない子どものことを表すと聞いて、そういえば、わが家の子どもも未塾児だと思った。

大学全入時代を迎えても、いわゆる一流大学は、なお狭き門である。しかし学歴がすべてではない。子どもとともに人生をいろいろな角度から語り合いよい助言ができるには、母親も社会的体験、訓練が必要だとしみじみ思っている。

ボランティア労力銀行

《しおり》

労力にインフレはない。労力を新しい〝愛の通貨〟にしましょう。

労力銀行の利息は〝友情〟です。

《ボランティア労力銀行の目的》

ボランティア労力銀行は、手足に血を通わせ、労力を〝愛の通貨〟としてボランティア活動をすると同時に各人のライフサイクルのなかで、〝労力〟と〝時間の余裕〟のある時、足りない時を活用し、相互に交換し合うことによって、出産・育児等の過労からのがれ、病気・事故等の不時のできごとへの対処や老いによる生活の不如意を補い、協力し合って明るい生活を送ることを目的とする会です。

参考図書

水島照子『プロの主婦・プロの母親――ボランティア銀行の10年――』ミネルヴァ書房、一九八五年。

二　地域福祉活動に取り組んだ岡本千秋氏

一九二五（大正一四）年　兵庫県で生まれる
一九四九（昭和二四）年　関西学院大学卒業
一九五九（昭和三四）年　関西学院大学大学院卒業
一九六四（昭和三九）年　米国シカゴ大学大学院卒
一九八七〜（昭和六二〜）年　大阪コミュニティワーカー専門学校校長
一九九四（平成　六）年　社会学博士（関西学院大学より取得）
一九四九〜一九六一（昭和二四〜三六）年　大阪ＹＷＣＡ
一九六四〜（昭和三九〜）年　社会福祉法人キリスト教ミード社会館館長
一九九五〜一九九七（平成　七　〜　九　）年　関東学院大学大学院教授
二〇〇一〜二〇〇三（平成一三〜一五）年　関西福祉科学大学大学院教授

二〇〇五（平成一七年）年　死去

岡本千秋氏との出会いは、私が大阪ＹＷＣＡ学院で、Ｈ・Ｇ（家庭青年グループ）を対象に、ホームマネージメント（家庭経営）の教科を担当していた昭和二〇年代終わりの頃だった。今思い出してみると五〇年も前のことなので、それがどんな契機だったか、定かな記憶はない。しかし、そこから始まった経験は鮮やかに思い出される。岡本さんは、ボーイッシュなショートカットで素敵だった。Ｈ・Ｇ（家庭青年グループ）というのは、就職をしていない未婚の女性たちで「結婚まち娘」と陰で呼ばれていた。私は、奈良女高師で学んだ「家庭経営」を基盤として、その第一義は、快適な家庭づくりにあるとしながらも、それとともに「自分の時間」を確保することが必要であるとする持論を説いた。「自分の時間」は女性にとって、「一日のなかで、さらに週・月・年を単位として、どう生きるのか、その積み重ねがキーポイントになる」と私は思っていた。もちろん子どもの年齢や数、家庭の事情などで一律にはいかないが。「自分の時間」は自分の人生の価値化につながることだと伝えたかった。岡本さんは、よく理解し、共感し合った。

国際婦人年の集い（岡本千秋さん〈左から２人目〉・筆者〈右から２人目〉）

当時、病院ボランティアをはじめとしてボランティアに対する関心

大阪府青年洋上セミナー（キュロットスカートの岡本千秋さん〈左側〉と）。

が高まっていたが、ボランティアは職業とは違い、「善意に基づく、自己選択による活動であって拘束性はない」という捉え方があった。そのため個人的理由で、突然「今日はだめになった」といったことで、受け手の側に支障が生じることがあった。その人はボランティアとして熱意のある人だったので、彼女の要望を児童養護施設側に伝え、本人とも話し合ってもらい、スタッフの一員として参加していたが、やがて施設サイドから「よくしてくれるが、あてにできない」と断られた。自己責任が取れない上に、ボランティアは無給だから、個人的理由でキャンセルしても許されるといった意識も感じられた。

岡本さんは「ミード社会館」の館長に就任して、地域福祉の重要な担い手であるボランティアの量と質を確かなものにするため、一九六二（昭和三七）年にコミュニティカレッジを開講、週一回、一年間百六十八時間の実技を含む養成講座を開設した。内容として、ケースワーク、グループワーク、コミュニティワーク、ソーシャルワーク・アドミニストレーションなどを開講したが、その中にホームマネージメントも含まれていた。

私は一九八七（昭和六二）年、ミード社会館が「コミュニティワーカー専門学校」を開校するまで講義を担当したが、地域福祉は対象が高齢者重視で進められる中で、私は少子高齢化、都市化の急進展により子育てにとっ

大阪府青年洋上セミナー　於沖縄県那覇新港にっぽん丸船上　1974年9月22日

て、地域福祉活動は必要不可欠になると思い、子育てに対する社会的支援を強調した。

ミード社会館は、早くから「子育て相談」や「母親のサークル活動」を実施していて、私も子育て相談に参加した時期があった。

岡本さんとの忘れ得ない思い出は、二人が「大阪府洋上セミナー、はたちの語らい」に講師として三年間続けて参加したことである。私は学生時代の年二回の長期休暇には、京城の自宅へ帰省するため玄界灘を往復していたが、「にっぽん丸（一万九百七十トン）」で二百余名の青年たちとの八日間の船旅はいささか重荷に思われた。岡本さんと私は、当時、大阪府青少年問題協議会委員であった。「船を安い費用で借りられるのは、台風シーズンのこの時期しかないから…」という団員のささやきもあったが、三年目の北海道からの帰途は、「台風銀座」と呼ばれる三陸沖で台風襲来のため「船舶航行禁止」に遭遇し、コースを変更して日本海に出て佐渡を通り、下関から瀬戸内海に入り無事に大阪南港に帰り着いた。船長から「船で日本列島をぐるっと一周したのは、戦後では君たちが初めてだ」と言われたが、かなり辛い船酔いを味わった。旅なれた岡本さんと同行していることは、本当に心丈夫だった。セミナーのプログラムは、青年たち同士の語らいが主目的であり、私たちは研修以外も青年たちの活動に参加したが、自由な時間が十分あり、岡本さんとさまざまな課題で意見を交わすことができた。

岡本さんは、私のことを「植民地生まれの植民地育ちで、雑念（周囲の思惑）にとらわれないから、物事の決断が早く、純粋だ」と評した。私は岡本さんに対して、地域や時代の課題を敏感に把握し、決して豊かとは思えない「ミード社会館」の諸条件のなかで、先駆的、開拓的にてきぱきと対応し、しかも、その取り組みは質的に徹底していることを素晴らしいと思っていた。昭和三〇、四〇年代の保母不足に際しては、ミード社会館の保育所を開放し、保母試験の準備のために、また就職に備えて、夜間に講義および実技の講習を行うなど、いつもその行動力に敬服していた。二人はいろいろな場で、お互いの思いが通じ合い、また啓発されていたと思う。

一九九二（平成四）年、コミュニティ養成校二十周年の記念総会に招かれ、久し振りの楽しい時をもったが、それが岡本さんとの最後の出会いになった。時すでに岡本さんの病状はかなり進行していたはずなのに、明るく「明日への思い」を語り、老化の進んだ私への細やかないたわりや気配りに申し訳ない気持ちと感謝で一杯だった。

岡本さんは、「大阪社会事業短大時代は、よかった。教師も学生も実践に情熱を傾けていたが、四年制に昇格してペーパー福祉になったようで残念だ」と言われたことがあったが、重い指摘だと受けとめている。かつて保育士養成の四年制昇格が極めて難しかったのは、何だったのかと思うほど、現在は容易に実現している。二年制の保育士養成も簡単に許可されている。むしろ乱立の感さえある。とくに四年制の保育士養成は何を意図しているのかと、実習先からの厳しい批判もある。四年制の保育士養成のカリキュラムの主体は、二年制のままである。これは今後に残された課題となっている。岡本さんと胸襟を開いて語りあった在りし日が偲ばれる。

参考図書

岡本千秋『地域福祉実践論――地域福祉サービス20年の考察と展望――』中央法規出版、一九九四年。

三　女性解放の実現と子育ての社会化（共助）をめざした安家周子氏

一九二一（大正一一）年　大阪で生まれる
一九四一（昭和一六）年　大阪府立堺高等女学校卒業
一九四三（昭和一八）年　自由学園（東京）高等科卒業
一九四七（昭和二二）年　総同盟大阪連合会婦人部長
一九五〇（昭和二五）年　結婚
一九五三（昭和二八）年　あけぼの幼稚園園長
一九六五（昭和四〇）年　ガールスカウト大阪六十団委員長
一九七七（昭和五二）年　社会福祉法人あけぼの事業福祉会理事
一九八七（昭和六二）年　あけぼのベビーセンター園長
一九九四（平成　六）年　あけぼの学園学園長

安家周子氏との交流は、昭和三〇年代の初めからである。その頃、各分野で民主化をめざして、行政も動き出し、審議会や懇談会、研修集会などが活発化し、私の活動範囲も人間関係も拡がり、そこには思いもかけない繋がりがあったり、共感があったりして、思わず手を取り肩を叩き合うのだった。安家さんとの出会いもそうして始まった。

振り返れば安家さんとは、幼稚園教育よりも、子どもの保育時間と平行して企画された「家庭教育」、求められる「地域活動」「女性のこれからの生き方」などにウエイトがあったと思う。何故、女性解放をライフワークとしている安家さんが保育所ではなく、幼稚園を開設したのか疑問に思ったが、当時、大阪府豊中市は保育所は公立で、幼稚園は私立で担うという方針だったことがその理由であった。私は、教育時間は四時間を基準とし、教育日数は年間三十四週とする幼稚園では、都市化、少子化のなかで、母親が主婦専業であっても、子育てのために十分機能し得ないのではないかと思っていた。まして母親が就労する場合、それは厳しいネックとなった。安家さんたちの強い要望を受けて、一九八三（昭和五八）年に豊中市は幼稚園の敷地内に「簡易保育所」の設置を認めた。「あけぼの幼稚園」は、この時、幼保併設による今日の「認定こども園」構想の先取りしたのである。しかし、保育条件の格差は避けがたかった。「あけぼの幼稚園」では、「保育室やクラスは別々に設定していても、目に映る制服や保育用品は同じ物を使用すること」に配慮し、大きな行事などは、働く保護者の事情を考慮して日程を設定している。こうした実績や配慮などは今後の保育制度のあり方に反映すべきだと思う。

「あけぼの幼稚園」の特色の一つに「地区別送迎システム」がある。年齢やクラス別ではない、地区を基盤とした「異年齢児集団」をその地区の母親たちが当番で責任をもって送迎するのである。これは、かつて降園後に地域で自然発生していた「異年齢児のむれ活動」の良さを復活し、社会性の発達に繋ぐものであり、かつ「地域の子育て機能」を再構築することになる優れた取り組みである。こうした「あけぼの幼稚園」の保育理念と実践を中央法規出版から共著（『現代子育てシリーズ、第四巻、子供と地域社会（幼稚園と地域保育）』、一九八八〈昭和六三〉年）として出版した。またBPWの会員としてお互いに多忙な中「母親の就労と家庭教育」に関する調査研究を四年に渡り実施するなど、思い出はつきない。

安家さんは、常に「幼稚園は子どもの育つ施設であり、さらに家庭・地域を育てる施設である」と一貫して位置付け、さまざまな企画を試みられたが、時代とともに保護者に「共育」の意識が弱くなったことを指摘していた。しかし、「あけぼの幼稚園」の父親会、母親会の力は、園の自然環境づくり、とりわけ園庭の自然物を利用した大型遊具の製作に発揮されている。すぐれた諸外国の保育理論や実践に学びながらも、決して直輸入はしない。「あけぼの」の独自性を切り開いていることに共感と敬意を抱いている。

安家さんは、女性解放活動に打ち込むために、台湾の高校留学生を四人の子どもが満二歳になるまで子育てのアシスタントとして協力を求めているが、安家さんの異文化を受容し、支える姿勢のあらわれでもある。

かつて大阪社会事業短期大学で、年度末の就職の時期に、思いつめた表情で女子学生が研究室にやってきた。聞けば公立保育所の採用試験に不合格だったという。しかし、それだけではない事情があった。彼女は日本で生まれ、日本の学校教育を受け、姓名も日本の国策で日本名を用いていたので、ずっと日本人であることを疑ったこともなかったという。私もまた、明るくテニス部で幸せそうな雰囲気の彼女に、そうした背景があったことを全く知らなかった。祖国の民族組織から、「不合格は、民族差別である。民族の誇りをもって闘わなければならない」と言われたが、自分は闘う意思はないと言う。私は仮に行政から「これは差別ではない」という回答を得たとしても、組織にはそのまま受け取ってもらえないだろうと思い、「まず領事館に行き事情を話し、不合格の理由を調べてもらうことが必要である」と話して励ました。その結果、民族差別ではなく、ピアノが未熟であることが原因だとのことであった。彼女は領事館の係の人と徹底した話し合いもでき、さわやかにその経緯を報告していたが、残念なことに就職試験の時期を逸してしまっていた。私はいろいろ思いを巡らし、安家さんの園に活路を託すことにした。その後、採用通知を受けたが、彼女は日本名をやめ、コリヤン二世として就職し生きる決心をした。結婚、そして子育て後は介護福祉士、現在はケアマネジャーとして、大学で社会福祉を専攻した夫、子どもとともに民族の福祉に力を発揮している。そして幾度か高いハードルを乗り超えた充実感を抱いている。毎年、彼女からの年賀状を手にする度に、安家さんへの感謝の思いを新たにしている。

安家さんは今なお「あけぼの男女共生社会づくりの会」名誉顧問として活動を続け、初志を貫いている。

参考図書

安家周一編著『あけぼの幼稚園50年の歩み「先望鏡」』あけぼの学園、二〇〇三年。

四　託児所から保育所へ・変革を果たした堀田光子氏

一九一五（大正　四）年　富山県で生まれる
一九三二（昭和　七）年　富山県立富山高等女学校卒業
一九三六（昭和一一）年　奈良女子高等師範学校文科地歴専攻卒業
　　　同　　　　　年　富山県立砺波高等女学校教諭
一九七四（昭和四九）年　伏木保育園副園長
一九八一（昭和五六）年　伏木保育園園長
一九八四（昭和五九）年　園長退任

堀田さんと私の出会いは昭和五〇年代後半であった。国の企画する研修で、北陸地区に入ったとき、保育所の原点にふれることができた。それが富山県高岡市の「伏木保育園」の存在である。私が戦後、「日本のくる病」

の調査に関わったとき、北国の託児所でくる病に罹る子どもが多いことを何とかしたいと、「太陽灯」を設置して効果をあげていたことを文献で知ったが、それが伏木保育園の前身の「婦女会立伏木託児所」であった。先頭に立ち実践に踏み切った婦女会長堀田くに氏の後継者の現園長堀田光子氏が、奈良女高師の同窓であることを知り、私は不思議な繋がりに感動した。奈良女高師では、専攻も学年も違い、寄宿舎も別だったので、お名前も知らなかったが、園に伺い堀田さんと話し合う中で、心を通わすことができ力強さを味わった。

伏木保育園の記念誌『年輪──目で見る五十年の歩み』には、「乳呑児を抱えた沖仲仕」について、「大正から昭和へかけては、農村の疲弊が著しく、氷見近在の農家の主婦たちは、伏木へ行けば仕事があるといって、女沖仲仕（船の荷役）として、朝は五時半から真夜中に至るまで働いた。一往復すると竹の棒を一本貰う、その棒がいくらという勘定になるので、乳呑児を抱えた主婦たちは港の倉庫の軒下に子どもを寝かせて働いた。北国の寒風は容赦なく吹きすさび、寝る子の上にも雪が積もるという悲惨な状態であった」と当時の実態が記されている。

堀田光子さん

一九一九（大正八）年に伏木婦女会長、一九二三（大正一二）年に第一回射水郡連合会長として婦女会活動の先頭に立って活躍していた堀田くに氏が、その惨状を見かねて婦女会員にはかり、一九二三（大正一二）年に東一宮念仏堂を借りて託児を始めた。しかし制度化されていない託児事業は、公的な経済的援助は全くなかった。そのため婦女会は、しぼり染や刺繍などの内職を引き受けて、バザーを開き、あるいは各種団体の食事ごしらえなどで資金作りに励み、映画上映会で得た利益で遊戯室を作り子ども四十名を託児料無料、一日二回の間食用の小銭を収めることで託児を行った（第一託児所）。

女沖仲仕にとって福音に等しいこの託児所は、日一日と託児数が増え、ついに百名を超えたため、御下賜金に慈善団体の援助を加えて、一九二九（昭和四）年に古国府寺境内を借りて第二託児所を新設したが、第一、第二の託児所を併せて二百数十名を超え、第一託児所は老朽化と狭さのため改築を迫られた。しかし経済的には恩賜財団よりの助成金、企業寄付金をもとに、会員の労役金を重ねたが十分とはいえず、新たに第一託児所の敷地として購入した水田の地盛りは会員の労働で行うなど、すべては女子のみで落成までこぎつけたのである。また、この時乳児部を新設し、小児保健相談所を併設した。ここで「太陽灯」が設置されるなど、伏木の乳幼児死亡率の低下に多大な功を奏している。また一九三三（昭和八）年には、副食給食に踏み切るなど、婦女会立の託児所として、できる限りの児童の福祉に力を注いでいることが評価される。

しかし、そうした姿勢は戦争の拡大、とくに第二次世界大戦により、最大の危機に直面することになる。婦女会員は勤労奉仕で託児所を省みる暇もなく、これまで寄せられていた企業からの助成金も途絶え、子どもたちに与える食料も思うように手に入らなくなり、園長は幾度か託児所の閉鎖を考えたという。しかし朝になると、モンペ姿に身を固めた母親が次々と連れてくる乳幼児の姿を見ると、また心を奮い起こして、明日の保育を思い私財を投じて続けたのである。

戦後、一九四七（昭和二二）年に児童福祉法が制定されたが、婦女会立の託児所は一九四八（昭和二三）年に生活保護法の伏木保育所として厚生省の管轄下におかれ、婦女会の手を離れた。さらに一九五八（昭和三三）年に社会福祉法人立として児童福祉法による伏木保育園が新しく発足している。こうした歴史的変遷の事実は保育所の発足が幼稚園とは異なる緊迫した役割をもっていたことを痛切に実感するのである。

その間の苦難と努力に対して、堀田光子さんは、富山市で高校教師を勤めながら、支え見守っていたが、堀田くに園長が次第に年齢を重ね、一方、保育所は多様化する保育ニーズに対応しつつも、児童主体の保育施設として機能することが法的課題となる中で、根本的改変の必要性を感じ、定年後は伏木保育園副園長を経て、一九八一（昭和五六）年、五十九歳で園長となって園の質的変革に心を砕いた。私はその時期から堀田さんと交流をもつことになった。

堀田さんは保育園児たちの現状に心を傷めていた。それは、戦中、戦後の混乱の中、生きることに精一杯だった時代は過ぎたが、あまりにも急激に到来した高度経済成長や競争社会は、子どもを取り巻く生活環境からゆとりをなくし、第二次ベビーブームで三百名近くに膨れ上がった園児たちは、保母の大声での指示・命令やマイク、笛がなければ喧騒のなかにいる有様だったことである。また、国際レベルで就学前教育が重視され、わが国もその勢いにあおられて早期教育に走り、個人差を無視した保育者主導型の一斉保育が子どもたちを追い詰め不安定にしている実態にあった。堀田さんは何とかして「明るい伸び伸びとした園生活を実現したい」と改めて保育の問い直しに取り組んでいる。

その一つは、生活環境の整備である。安定した穏やかな雰囲気を作るため、音や光に気を配り、絵を飾り、植物や小動物を取り入れるなど、いろいろな印象に残る創意工夫があったが、その頃（一九七五〈昭和五〇〉年頃）見学した一歳児の給食場面は今も鮮やかに目に浮かぶ、食卓にテーブルクロスをかけ、小さい容器に花をさし、明るい色の食器を選び、小さいおしぼりも個別に用意してある。食事中、保育者は集中して子どもを見守ることができるように、必要なものは身近な他のテーブルに準備してある。一歳という暦年齢は自己主張が強い。それに対して、こぼしてもよい、手づかみでもよい、自分で食べようとする意欲を大切にすべきだという立場もあるが、伏木保育園では子どもと向き合い、保育者は柄の長いスプーンをもち、子どもには柄の短いスプーンをもたせ、保育者が主体となって食べさせている。その間に子どもは自分でもスプーンを口に持っていく。この共同作業を繰り返して、テンポよく食事を進め、子どものスプーン使いも次第に慣れてくる。また食材によっては、子どもの手で持てるような大きさや形にして、自分で食べたい子どもの欲求にこたえるなど、その関わりはまだ未熟な一歳児にとって極めて適切と言える。機械的にスプーンを口に運ぶなどは勿論もってのほかで、優しい声で分かりやすい言葉をかけている。家庭でも食卓に花をおこうとする子どもの姿を、親が嬉しそうに話すことがあるという。

いま一つは子どもに抑圧を与える保育形態の是正である。堀田さんは、倉橋惣三選集やピアジェの理論を読むなどして保育を追究したが、当時保育界で注目されていたモンテッソーリメソッドに触発され、自分自身も保母とともにモンテッソーリメソッドの研修を受けている。しかし、保育園を訪ねると、モンテッソーリ教具を扱うだけでなく、むしろ日常的な環境づくりや手遊びの選択、手づくり玩具の考案やその扱いなどを通して、モンテッソーリメソッドのもつ科学性の素晴らしさを生かし、また集中力や自分自身で遊びをやり遂げる力をめざす創意工夫がされていることに共感し、その努力に尊敬の念を抱いた。だが、私はモンテッソーリ教育に限界を感じていた。堀田さんもまた、モンテッソーリ一辺倒になることを警戒していた。とくに音楽や運動の欠落を問題視して羽仁協子氏のコダイシステムの研修を受け、わらべ歌を取り入れていた。各年齢にふさわしいわらべ歌を取り入れることで、子どもたちが心を解放し、安定した雰囲気のなかで、生き生きと楽しむ姿を堀田さんは評価している。求め続けてきた子ども中心の保育が漸く実現した中で、堀田さんはモンテッソーリメソッドの静かで、細やかな保育者の関わりを改めて大切に思っていた。

一九七五（昭和五〇）年、私は西ヨーロッパ諸国の保育にふれる旅をしたが、フランスでおそらくわが国の「保育所保育指針」に該当する小冊子を資料として手に入れることができた。残念ながら、フランス語はだめなので、旅を共にした同僚のはからいで、大阪外国語大学のフランス語の教室に翻訳を依頼したところ、「はじめにの章を訳したが、フランスの保育事情が十分把握できないので、保育の専門の方に協力をして貰う必要がある」ということだった。訳された部分に「フランスの保育は、縫目のない上着である」という文章があり、強い関心を呼んだ。

前後の訳文からその意味は、「フランスでは歴史をふまえ、さらに諸外国の研究を積極的に取り入れているが、それは個々をそのまま縫い合わせるのではなく、フランスの民族性、伝統、自然的社会的条件などによってフランス独自のものに再構築したものになっている」ことを表現しているのだと解釈した。堀田さんの取り組みは、それに通じていると思わずにはいられなかった。堀田さんは「子どもの自由な保育をめざしてから、十年の歳月が流れました。この間、保育を見る、本を読む、試みる、試行錯誤の連続でした」。また、「諸国行脚の旅に出た武士のように、保育界の泰斗の門を叩いては教えを乞い、それを園にもち帰っては、試行錯誤するという連続であった」と述べている。

子どものつぶやきの記録を集め、子どもの今、とりわけ内面の理解を深めたり、五年ごとに保育実践のまとめをもとに、公開保育を行い、多くの人の参加を呼びかけ、その後の研究討議や講演などによって客観的な省察を行い、保育の充実、向上をめざしている、それは今なお、保育所に欠けている課題でもある。前向きで真剣な努力に私は深い敬意を抱いている。

堀田さんは、貧困のなかで過酷な労働に耐える母親を助け、子どもを守る託児所から、名実共に児童福祉施設としての保育所へと変革の実を挙げたと言える。それは、今後も不変でなければならない。

しかし、子どもを取り巻く、家庭、社会の現況は、必ずしも子どもにとっても保育所にとっても、望ましい状況にあるとは言えない。にもかかわらず、革命的と言われる保育制度の改革には、不透明なことも多く、不安が拭えない。

今も年二回は、電話をかけ合うが、ついつい長電話になってしまう。

堀田さんは、地歴専攻のせいか、とても旅を好まれる。その範囲も国内はもちろん、世界中に及んでいる。いわゆる高齢期に腸捻転などの大病になり、もう遠い旅は無理だと言いながらも、元気になるといそいそと出かけられる。その旅談義を伺うのも魅力いっぱいである。

参考図書

『年輪――目でみる五十年の歩み――』伏木保育園、一九七五年。
『年輪――目でみる七十年の歩み――』伏木保育園、一九九五年。

五　社会福祉法人立保育専門学校で産学共同の保育士養成に取り組んだ和田治子氏

一九二一（大正一〇）年	大阪で生まれる
一九三六（昭和一一）年	大阪府立阿倍野高等女学校第四学年修了
一九三八（昭和一三）年	大阪府女子師範学校本科第二部卒業
一九六七（昭和四二）年	南海毛糸南海学園学生部主事
一九六八（昭和四三）年	南海保育専門学校学生部主事
一九八二（昭和五七）年	南海保育専門学校校長

昭和四〇年代に入って間もなく、大阪府下南部の高石市にある南海毛糸紡績会社から面会を求められた。当時日本経済は目ざましい高度成長の過程にあって、深刻な人手不足の最中であった。企業はそれこそ日本列島、北は北海道から、南は沖縄まで、人手を求める努力を迫られていた。その頃、和田さんは、集団就職で「南海毛

糸」に入社した中学卒女子工員のために社内に設けた「南海学園」で一般教養的なことや体育・レクレーションを担当していた。まだ十五、十六歳という若さで親元を離れた彼女たちが日常的に遭遇する問題のよき相談相手として、親身に関わり、生活や職場での安定を支えるなくてはならない存在であった。

和田治子さん

ところが次第に高校進学率が高まり、中学卒では人手が確保できなくなり、高校卒に求人範囲を広げたが、彼女たちは三年契約の就職期間をただ働くだけでなく、働きながら将来の専門職としての資格を取りたいという熱意をもち、その第一希望が「保母」であるという。何とかその希望を叶えてやりたいので、協力して欲しいというのが会社の意向であった。具体的には、大阪社会事業短期大学が開設している夜間の専攻科に「保母養成コース」を設置できないかという申し出であった。文部省の認可を得た大阪府立の短期大学では、要望に添うことは難しいことを説明したが、何とか別の方途はないかと企業サイドは真剣である。

その時、私は二つの思いを抱いた。その一つは「産業圏大阪は、全国各地から集まってくる若者のエネルギーに支えられ、発展していく」。それに対し、大阪は勉学の場を用意し、若い女性が希望する専門職の資格取得の機会を提供することは、まさに相互に利益を享受し合うことではないかというものであった。いま一つは、「わが国の産業革命、中でも紡績業の発展には〝女工哀史〟が消しがたく付きまとっていたが、今はこうした希望、夢を抱いて主体的に生きようとしている」。そのことが新たな女性労働史のページを開くという感動であった。

労働省婦人少年室協助員でもあった和田さんも同じ見解であった。

さらには、碓井教授の「この人たちが三年後には、それぞれの郷里に帰り、児童福祉の種をまき、根をおろすことに大きな期待をもつことができる」。また、南海毛糸紡績の木村修三社長の「企業もただ儲けるだけの時代は去ろうとしている。その利潤を社会に還元することが肝要だと思う」という見解に背中を押されて、会社の役員とともに厚生省に交渉に出かけた。

その時、岩佐喜久江母子福祉課長は、私の説明に「待ってました。そうした声が上がるのを…」と応じて、「南海には、企業内託児所がありますか。あれば、それを母体にして、保母養成施設を創ることが可能です」と、これからの方途を示された。それに励まされ、企業側は具体化に踏み切った。創設も困難だったが、以来十年の歩みも決して平坦なものではなかった。「いわゆる産学共同という企業と連携するユニークな学習形態を果敢に採り入れて、勤労学生に勉学の便宜を提供したこと」を評価する声もあれば、「資本主義の利潤追究にのるもの」「単なる人集めの手段である」という批判の声もある中で、第一回から第八回卒業生までに、保母として計二百五十七名の児童福祉施設就職者を送り出している。しかし、取り組んでみて〝働きながら学ぶ〟ということが、どんなに大変なものか、厳しさに直面することになった。

南海保育専門学校は、隔週定時制の第Ⅲ部である。今週はA組が仕事を終わった三時から三コマの授業があり、来週はB組が…。そして次はまたA組となるのだが、とにかく早番の週は、朝四時半起床、五時から午後一時半までが仕事、三時から八時までが学習である。遅番の時は午後一時から十時まで仕事で、午前中は自習と洗濯、一週間分の雑用に当てるのだが仕事と学習の両立による体力の消耗は大きい。授業中はとかく睡魔におそわれがちで、でも学習意欲をもつ学生に対して、教師たちは学生主体の内容・方法を採り入れ、効果を期していた。しかし、若い女性にとって学校、職場、寮生活を送ることはいろいろ問題があり、挫折に追い詰められたり、人間関係に悩んだりする。こうした事態にならないように、常に専任教職員は気配りをしているが、時には週刊誌顔負けの事件を起こすなど、学生主事の和田さんは気が抜けない。専任教師はもちろん、職場の上司、後輩、同僚と話し合い、不安定さを見せる当人に寄り添いながら、力付けたり、時間をかけて問題を解決していく過程は並大抵ではない。卒業生のなかには、「あの時、和田先生が助けてくれなかったら、今の私はなかった」と感謝する人も多い。胸にこたえる利潤追求の企業カラーには、抵抗体となり学生を守っていた。

和田さんの苦労は、保専の経営にも及んでいた。難しい変則勤務のなかで実施する実習先の確保は実習時期、実習時間の調整であった。実習の中心である保育所実習は、同じ法人の「愛児園」と高石市立保育所に全面委託できたが、他の実習施設機関の開拓、確保は一苦労だった。また経済成長が低下するにつれて勤労学生が減少し、学校経営は経済的困難に直面した。そうした状況を乗り切るための補助金の交付、寄付集めなど積極的に行動する和田さんの姿は忘れられない。

大阪南部、泉州地区で活気に溢れていた〝糸へん企業〟はオイルショックにより、工場閉鎖が続く反面、人口のドーナツ化現象で普通高校の新設が進んだが、泉州地区から和歌山県にかけては、保育関係の短大、専門学校は僅かしかない。そこで勤労学生を対象とする第Ⅲ部を廃止し、第Ⅱ部（夜間部）と第Ⅰ部（昼間部）の保専の開設に取り組むことになった。一九七八（昭和五三）年、「南海保育専門学校」は門戸開放を果たし、「専修学校保育課程」の認定を受けて、学生数も増加し、同年には男子の入学も始まり、校舎の新改築、設備の近代化も着々と進み、大躍進を遂げることになった。そこまでこぎつけた和田さんの健闘を讃えたい。共に苦難を乗り越えてきた江口敬四郎校長の後を受けて、一九八二（昭和五七）年に校長に就任した後、時代の変化に伴う要請に応えて申請した社会福祉科は、一九八三（昭和五八）年に設置認可、さらに一九八八（昭和六三）年には福祉介護科を設置し、懸案だった社会福祉研究所設置も実現し、質的な充実、高度化をめざしている。

一九九一（平成三）年度より校名を、「南海福祉専門学校」に変更すると、荒井理事がわざわざ大阪府立大学まで報告に来てくださった時、喜びとともに一抹の淋しさにも似た感慨が走って、はっとした。和田さんも複雑な心境で福祉三科の設置が、素晴らしいネットワークを構築するこれからを思い描いていることと思いやるのだった。

参考図書

『創立20周年記念誌』南海福祉事業会、一九八八年。

まとめ

「われら大正生まれ」の稿を書いて、改めてその生き方には、明治を生き抜いた女性たちの影響が大きいことを思った。ここで取り上げたのは僅かな例だが、いずれにも大正生まれの特色をみることができる。大正生まれは責任感があり、忍耐強い。家事も子育ても天命、使命、また生き甲斐と捉えている。しかしそれだけではない。自分らしく生きたい、自由人でありたいとする思いにアイデンティティが汲み取れる。自らの仕事に打ち込む姿勢も並々ならないものがある。おそらくこうした特色は、昭和ひと桁生まれの女性たちにも少なからず及んでいると思っている。

仕事と子育ての対立的矛盾や葛藤の克服を、まず自助努力においていることが共感を呼ぶ。自分自身家事能力をもつこと、子どもにもその年齢や発達に応じて生きる力を身につけさせていることである。しかし未熟な乳児・年少幼児を一人にはできない。そこで何よりも家族の協力が求められるが、次第に家族形態の変化によってむずかしくなってくる。さらに隣人、知人の助けが必要となる。子育ての共助・社会化である。新しいセンスの地域活動に目が向けられていることが注目されるが、公助は立ち遅れていた。

ところが現代は、公助が第一の課題になっている。「子どもを産み育てることの主張もその保障も人間の基本的権利であり、公的責任の充実」は必須であるが、自助、共助があってこその公助であるべきではないか。大正期にはその方向性があったと思う。それが結実しなかったのは、長期にわたる戦争、そして敗戦、それがもたらした混乱が原因していることは論を待たないが、これからは原点に戻り自助・共助を確立し、公助とのネットワークによって望ましい保育環境を構築し、主体的に社会的に生きる真の自由人の育成をめざしたいと思う。

ひ孫のひなた（3歳・孫の健一のデッサン）

待井和江個人史

一九一八（大正 七 ）年　朝鮮威鏡南道元山府にて誕生
一九二四（大正一三）年　元山尋常高等小学校入学
一九二六（大正一五）年　威興尋常高等小学校転入学
一九三一（昭和 六 ）年　同　　　　校卒業
同　　　　　　　　　　　威興高等女学校入学
同　　　　　　　　　　　京城第二公立高等女学校転入学
一六三六（昭和一一）年　同　　　　校卒業
同　　　　　　　　　　　奈良女子高等師範学校家事科入学
一九四〇（昭和一五）年　同　　　　校卒業
同　　　　　　　　　　　京城第二公立高等女学校教諭
一九四一（昭和一六）年　待井精一と結婚、
一九四二（昭和一七）年　京城第二公立高等学校退職
同　　　　　　　　　　　満州国瓦房店、南満州鉄道社宅に居住
一九四五（昭和二〇）年　待井精一、八路軍・蒋介石軍に医師として技術徴用され軍とともに行動

一九四七（昭和二二）年　日本へ引き揚げ
一九五二（昭和二七）年　大阪社会事業短期大学　助手
一九五四（昭和二八）年　同　大学　講師（栄養学）
一九五八（昭和三三）年　同　大学　助教授（栄養学）
一九六六（昭和四一）年　大阪社会事業短期大学　学生課長兼任
一九六七（昭和四二）年　同　大学　同　免兼任
一九六八（昭和四三）年　同　大学　教授（保育理論・栄養学）
一九七六（昭和五一）年　同　大学附属図書館長兼任
一九七七（昭和五二）年　同　大学　同　免兼任
一九八〇（昭和五五）年　同　大学　同　兼任
一九八二（昭和五七）年　同　大学定年退官、大阪社会事業短期大学名誉教授の称号授与
一九八二（昭和五七）年　四條畷学園女子短期大学教授（昭和六二年定年退職）
一九八三（昭和五八）年　大阪府立大学社会福祉学部（非常勤）講師（平成二年退任）
一九八七（昭和六二）年　武庫川女子大学文学部短期大学部教授（平成二年定年退職）
一九九〇（平成　二）年　武庫川女子大学文学部教育学科（非常勤）講師（平成三年退任）
一九九一（平成　三）年　神戸親和女子大学客員教授（平成八年退任）

授賞・叙勲

一九八〇（昭和五五）年　短期大学教育功労賞（文部大臣）
一九九〇（平成　二）年　社会教育功労賞（大阪府教育委員会）
一九九〇（平成　三）年　勲三等瑞宝章（内閣総理大臣）

学会及び社会における活動等

大阪府青少年対策協議会委員
大阪府児童福祉審議会委員（保育部会会長）
大阪市児童福祉審議会委員
大阪府婦人少年室協助員
大阪府・大阪市婦人問題推進会委員（労働部会会長）
八尾市幼児対策協議会委員
日本保育学会理事
大阪府社会教育委員

待井和江業績

著　書

一九五八（昭和三三）年　（共著）『栄養学及び実習』六月社
一九六二（昭和三七）年　（共著）『保育ハンドブック』六月社
一九六八（昭和四三）年　（共著）『安全保育』教育タイムス社
一九七〇（昭和四五）年　（共著）『保育小辞典』ミネルヴァ書房
一九七二（昭和四七）年　（分担執筆）『保育所をめぐる法規』全国社会福祉協議会
一九七三（昭和四八）年　（共著）『乳幼児保育ハンドブック』ミネルヴァ書房
同　　　　　　　　　年　（共著）『0、1、2歳児の学級経営』ひかりのくに社
一九七四（昭和四九）年　（編著）『1歳児保育』全国社会福祉協議会
一九七五（昭和五〇）年　（分担執筆）「幼児の能力開発と体力」持田栄一編著『子どもの栄養と健康管理』
同　　　　　　　　　年　（編著）『婦人のボランティア活動』大阪ボランティア協会
一九七六（昭和五一）年　（共著）『保育所保育の理論と方法』日本保育協会
一九七七（昭和五二）年　（共著）『保育所における遊びの理論と方法』日本保育協会
同　　　　　　　　　年　（共著）『保育所保育と家庭保育、連携の理論と方法』日本保育協会

同　　年（共著）『保育所における健康保育の理論と実際』日本保育協会
一九七七（昭和五二）〜
一九八一（昭和五六）年（共編）岡田正章他監修・編『望ましい経験や活動シリーズ』（全二〇巻）チャイルド社
一九七八（昭和五三）年（共著）川原佐公共著『乳児保育』東京書籍
一九七九（昭和五四）年（共著）『知的活動の理論と方法』日本保育協会
同　　年（共著）『保育研究法の理論と実際』日本保育協会
一九八〇（昭和五五）年（共著）『感覚保育の理論と方法』日本保育協会
同　　年（共著）『保育環境の理論と実際』日本保育協会
同　　年（共著）『障害児をめぐる諸問題（保育形態、研究と研修）』第一法規
一九八二（昭和五七）年（編著）『保母生活日記』中央法規出版
一九八三（昭和五八）年（編著）『保育原理』ミネルヴァ書房
同　　年（編著）『子どもの発達と施設保育』中央法規出版
一九八四（昭和五九）年（共編著）福岡貞子共編著『乳児保育』ミネルヴァ書房
同　　年（編著）『保育者の家庭指導』中央法規出版
一九八五（昭和六〇）年（編著）『子どもの発達と地域社会』中央法規出版
同　　年（共編著）福岡貞子共編著『保育実習』

一九八六（昭和六一）年　（共著）『乳児保育の実践と保育方法』日本保育協会
同　　　　　　　　年　（共著）『保育実践の理念』日本保育協会
一九八八（昭和六三）年　（共著）待井和江先生古希記念論文集編集委員会編『障害児保育論――その理論と方法――』全国社会福祉協議会
一九九二（平成　四）年　（監修）安藤忠共監修『ダウン症児の保育』同朋舎出版
同　　　　　　　　年　（共編著）川原佐公他編著『子ども中心の保育実践――望ましい援助をめざして――』ひかりのくに
一九九四（平成　六）年　（共編著）泉千勢共編著『保育原理』東京書籍
一九九五（平成　七）年　（共編著）川原佐公共編著『乳児保育』東京書籍
同　　　　　　　　年　（共編著）野澤正子・川原佐公共編著『保育内容論』東京書籍
一九九七（平成　九）年　（共編著）福岡貞子共編著『保育実習・教育実習』ミネルヴァ書房
一九九九（平成一一）年　（共著）『改訂保育所保育指針全文の読み方』全国社会福祉協議会
二〇〇〇（平成一二）年　（共編著）神長美津子・今井道子・日高佑他編著『3歳児のクラス運営』ひかりのくに

論　文

一九五二（昭和二七）年　生体内における VitaminB1 及び Pantotheicacid「大阪社会事業短期大学研究紀要」
一九五三（昭和二八）年　強化離乳食の意義について「小児科治療」診療と治療社
一九五四（昭和二九）年　Glutamin 及び Glutamic acid について「社会問題研究」
一九五九（昭和三四）年　保育所給食の栄養的考察「社会問題研究」
一九六〇（昭和三五）年　開拓農家の保健問題「社会問題研究」
一九六一（昭和三六）年　開拓農家の栄養問題「社会問題研究」
一九六五（昭和四〇）年　乳児保育と乳児栄養「社会問題研究」
一九六六（昭和四一）年　保育所給食について「社会問題研究」
一九六七（昭和四二）年　地域保育を考えよう「保育」ひかりのくに
同　年　保育所保育に於ける領域の捉え方「社会問題研究」
一九七二（昭和四七）年　保母の身分に関する問題「社会問題研究」
一九七四（昭和四九）年　家庭福祉とボランティア「社会問題研究」
一九七五（昭和五〇）年　保育に欠ける子どもの問題「社会問題研究」
同　年　働く母親の問題「婦人と労働」日本労働協会
一九七六（昭和五一）年　保育所と幼稚園「社会問題研究」
同　年　保育形態「社会問題研究」

一九七八（昭和五三）年　保育活動に必要な条件整備『園長ハンドブック』全国社会福祉協議会
一九八〇（昭和五五）年　幼児教育の場『幼児教育の研究』嵯峨野書院
同　年　保母の専門職化と保育者養成「社会問題研究」
一九八二（昭和五七）年　保母の専門性の追究と教育課程――コース制保母養成教育課程試案――「四條畷学園女子短期大学研究論集」
同　年　障害児保育の課題「社会問題研究」
一九八七（昭和六二）年「共育」のための課題と実践「児童心理」金子書房
一九九〇（平成　二）年　これからの保育対策と保母養成「武庫川女子大学紀要――学院創立五十周年記念人文社会科編」第三七巻
一九九七（平成　九）年　保育所保母の研修『わが国における保育の課題と展望』日本保育学会出版
一九九九（平成一一）年（共著）保育所保育指針改訂の課題と保育士養成「社会問題研究」
二〇〇三（平成一五）年　保育施策の変遷と保育士養成の歩み「社会問題研究」

補録1　保育士養成校における保育士養成はどのように行われているか
（二〇〇七年二月五日の座談会のまとめ）

保育現場は保育士養成校に対して大きな期待をもっている。「それぞれ保育士養成をどのように考え、どのように努力しているのか知りたい」。また、「子どもを育てる上で望ましい人材を養成して欲しい」という声を受けて、保育士養成の現状を話し合った。その結果は以下のようにまとめられる。

現在の保育学生の実態をふまえて

今の学生に共通する姿（状態像）があり、それは十年前と大きく違っている。学生の実態をどうみるかについて考える必要があるのではないか。保育士の力としてもつべきものは何なのか、今の学生の実態との落差をどう埋めていくのかについて、どのように考えればよいか。

今の学生には、本来身につけなければならない「日常生活に必要な力」がない。例えば、人に挨拶ができない、実習園で雑巾がしぼれない、箒で掃除ができない、などと言われる。挨拶は相手の目を見て言い、相手に届いて初めて挨拶になる、ということから教えなければならない。現代の学生たちは、掃除や洗濯、食事づくりなどを自分でしない者が多く、実習では「生活に必要なこと」ができない実態がはっきりする。また、実習担当者や保護者との「コミュニケーション能力」が求められるが、うまく対応できない学生もいる。「日常生活に必要な力」

は、本来養成校で指導する事柄ではないが、どこの養成校でも挨拶の仕方、実習園への電話のかけ方、実習生プロフィールの書き方、実習園への礼状の書き方など、実習事前指導を行い実習に送り出している。

実習生プロフィールや就職希望園への自己PRの文章では、「わたしは、誰とでも仲良くできる…、思いやりがある」などと書く。百人が百人みな同じようなことを書いている。また、教員からみてコミュニケーションがとれない学生に、「あなた、それ本当なの」と尋ねると「自分は友達から人気があり、本当だ」と言う。人気はあっても横のつながりはできていない。とくに学年の違うグループやクラスのなかではコミュニケーションがとれないなどの実態がみられる。

いじめられた経験、親との葛藤を引きずっていて今も反抗している、悩みを抱えていて不安定な学生も見られる。親は資格を取らせたいと思うが、学生は自分には向いていないと考える、それを親には伝えられない葛藤を抱えている場合がある。親や家族や友達との葛藤は、それを乗り越える努力を自分でしなければならないが、それは簡単ではない。一方、親との関係が良い学生は、二年、四年間の養成期間内に目ざましい変化を見せていく。「人間関係が不得意」と思って入学してくる学生が、年々多くなってきた。また、どの学生も何らかの「いじめ」の経験をもっていたりする。友達と仲良くするというより、人間関係が壊れることを恐れ、友達に嫌な人と思われることを極端に避けようとする。

自分らしさをもつ

学生たちは、それぞれ個性的であること、「自分らしさをもつ」ことが大切だと考える。保育所や幼稚園などの職場は、それぞれの個性がぶつかるところなので、「自分らしさ」「自分でものを考える力」をもって欲しい。ピアノがよく弾けるとか、手遊びが上手というだけではなく、人としての自分らしさ、自分の良さを自覚している学生は落ちつきがみられる。授業で保育実践例を読ませるとき「気持ちを込めて読んでね」と助言すると、一生懸命に感情を込めて読み進み、聞いている者の心に響く。褒められると、その学生はさらに工夫しようと努力する。このことが契機となり、他の教科への学習意欲の向上に繋がり、自分らしさに気付き自信がもてるようになる。

高等学校までに基礎学力をしっかり身につけて、養成校へ入学して欲しいと願っているが、学力のついていない現実に対して、さまざまな取り組みが試みられている。学生の心に響き、興味をもつ授業内容は熱心に取り組む姿がみられる。演習ではグループ討議、グループ作業、時には図書館や教室の外の活動などのさまざまな体験を通して、「自分らしさ」を発見し、「自分の良いところ」を自覚していける学生は、たとえ保育現場で落ち込んでも立ち直っていけると思う。

人に受け入れられる自分を創る、聴く力、楽しむこと

保育者に必要なことは、「人として相手に受け入れられる自分をどう創っていくか」である。学生はおしゃべりは大好きだが、人の話をじっくり聞くことはしない。不得意というより、人の話を聞いてよく考える経験がないように思う。習慣として身についていない。ゼミをやっていて一人が発題すると、みんな自分の体験でつながってしまう。それは話の主旨を聞いていないと言える。今、何を考えることが課題なのか、自分で捉えようと

しない。聴くということは、人の話を聞いてその内容について自分で考えること。「どのように語ってもらえる自分になるか」「その力を自分にどう創るのか」。子どもと関わっていて「自分がどのくらい楽しいと感じられるか」「保育を楽しめる自分をどう創っていくか」が大切となる。

子どもと一緒に遊ぶことは、本来面白くて楽しいものである。それが、実習生として適切に関わることを求められると、緊張のため「子どもとどのように関わり」「どのような言葉で話しかけてよいか」戸惑ってしまう。また保護者との面談を例にとると、親が一番子どもに関する情報をもっているわけだから、「親の話を聞き出す力」をどのように身につけていくか、つまり人の話をじっくり「聴く」態度を身につけることが重要となる。

また、挨拶というのは、相手に「私は心を開いていますよ」と示すことだから、その示し方を自分で工夫する必要がある。挨拶は笑顔ですることが望まれるが、単にニコニコとするのではなく、自分に似合う自然な笑顔が求められる。それが自分育てであり、自分を磨くということになる。鏡を見て、自分に合う笑顔はどんな表情か、いろいろと試してみるのもよい。

人としての柔軟性

養成期間のなかで伸びていく人は、柔軟性と想像力をもつ学生である。学力がそれほど高くない学生を幼稚園が採用してくれた。実習中に子どもが寄ってくる、子どもとの遊びがうまい、国語力が低いので実習日誌は書き直しになるが嫌がらずに取り組んだ。絵本の読み聞かせはピカイチで上手で癒される。幼稚園側は「この人を育てたい」と言った。彼女は「私はできないから、アルバイト保育者から始めたい…」と謙虚であった。勉強は得意ではないが、「何事にも一生懸命で、人を受け入れようとする力」をもっている。注意されたことを素直に直そうと努力する態度を、園は認めてくれた。

また、優秀な成績で何でもできる学生が、実習園ですることなすことを「ノー」と言われ、すっかり自信をなくしてしまったことがある。実習園側からは「こんな学生はおことわり」と途中で返され実習は中止となり、彼女はショックを受けた。しかし、後日もう一度その園で実習したいと申し出てきた。理由を聞いてみると、実習中、自分は楽しかったが、子どもを楽しくさせたいと考えていたかというとそうではなかった気がする。自己満足だったことに気がつき、あらためて実習園に挨拶に行ったら、子どもたちが覚えていて「せんせいー」と声をかけてくれた。先生方に、自分の気持ちを伝えると「よく来てくれた」と喜んでくれて嬉しくなり、再度チャレンジする気持ちになった。保育者は自分の保育を評価・反省（省察）することが大切であるが、何でもできる自信をもっている学生が実習でつまづくことで、自分の言動を省みる柔軟性を獲得できたことが素晴らしい成果である。

実習という適度な緊張感を伴う中で実地指導を受けることで、学生は多くのことを学ぶ。実習を終えて学校に戻ってくると、教師に対する言葉遣いが丁寧になり、ひとまわり成長したことを感じる。学内で行きかう人への挨拶が明るくなる。十日間または二週間の実習において保育者から適切で細やかな個別指導を受けたことが伺えるが、このことは、学生の学ぼうとする力、保育者になりたいという期待感による自己学習と考えられ、学外の実体験による学習効果は大きい。

学内の「子育て支援センター」活動で、本日、初めて出会う親子と一緒に遊ぶ内容を考え、みんなで練習し一生懸命に実践する。「おもしろかった。またこんどやってね」と言う子どもの喜ぶ姿に学生たちは達成感を感じる。一年生も学内で親子づれとふれ合う時、子どもの目線に体をかがめて「こんにちは」と優しく挨拶をしている様子は、子どもが可愛いという気持ちにあふれている。学内の「子育て支援活動」は場所がなければ、青空の下の遊び場所であっても、学生には「子どもや親と関わる」大切な実地訓練ができる。

このような事例をみると、今の学生は「いろいろな人と触れ合う経験」が不足しているが、その機会があれば保育を学ぶ人間としての感性を磨き、柔軟な対応ができる可能性をもっていると言える。

四大生と短大生の特色

四大生と短大生の違いは四大生は学習や経験の評価・反省（省察）、つまり「振り返る力」が育っている、保育を客観的に見て、次の実践に生かしていると言われるがどうだろうか。

園長の評価では、四大卒はしっかりしているが、理論が先立ち使いにくく、給料面でも雇いにくいという意見がある。短大卒は元気があり、素直で良い、園の保育方針に早く馴染む、というのが一般的なもので、即戦力を期待していることが分かる。今日から給料を払っているのだから、「ちゃんと仕事をしなさい」と言われる。一方では、一人前の保育士として仕事ができるようになるのは、三年間必要だとも言われる。それなら、新人の一年間は「保育士の見習い」として、育ててもらう姿勢が必要だと考える。公立幼稚園の新人は一年間ベテラン教員の指導を受けて保育を行っている。

四大卒、短大卒のいずれであっても、個人の人柄、個性、能力により違いがあり、また、その人の感性の育ち、どれだけ努力をしたかにより「よい保育士」としての評価は異なってくる。

養成側としては、四年制の三年生は教えやすく落ちついている。十八～十九歳の短大生は、まだ子どものような部分があり、自分のことで精一杯で、周りのことに気配りをする余裕がない。福祉職である保育士は、受け持つ子どもの発達や保育内容の知識・技能の習得にとどまらず、地域の子育て支援、ケースワーク、グループワークなどの広い学習が求められていることを考えると、短大卒の場合は受け入れ側に育てようとする意識と努力が求められる。現在では、四大卒、短大卒も同じ保育士資格で区別がないことも検討課題となっている。

私立保育園や幼稚園は短大卒の保育者を求めており、四大卒の雇用は厳しい現状にある。その理由は、給与に関するものがほとんどであり、平均勤務年数が三～四年という実態において、短大卒の少しでも給与の安い保育者を即戦力として雇用したいという保育現場の受け入れ体制も影響している。いま一つ男性保育者の雇用にも同じことが課題となっている。保育者には保育職を生涯の仕事として考えている人もいるが、私立園には保育者を長期間雇用するための人件費の余裕がないところが多い。今後の課題としては、人件費に関して抜本的な対策を検討する必要がある。

アサーション（非攻撃的自己主張）の必要性

今、アサーションが課題になっている。これは「非攻撃的自己主張」という意味で、これが重要視されるようになったということは、今や、自己主張は攻撃となみされ、喧嘩になってしまうのである。自己主張は自分の意見をきちんと伝えることで、本来あるべきものである。それが「何で私にこんなことを、言ってくるのよ」ということになる。互いに自己主張をして歯止めが利かなくなり、しまいにキレてお互いが攻撃的になる。福祉職である保育士は、常日頃から相手の立場や思いを理解した上で非攻撃的自己主張ができる力を持たなければならない、と言われている。それが協力体制を作っていくことにつながる。

五、六年前に、四年制大学の学生にアサーションのトレーニングをしたことがある。やっぱり、黙ってしまうか、攻撃的な発言をしてしまう。学生は、ものを言ったり、言われたりすると攻撃的になるか、キレてしまうかで、じっくり話し合って解決していくルールを理解せず、訓練がなされていない。相手が主張すると攻撃されたと思う。自分が主張することは「いじめ」の経験を思い出し、黙ってしまうことになる。力のある者が引っ張り、後の者はそれにくっついていき、「それでいいやん」ということになる。主張しない方がスムーズにことが運ぶことを経験する。また、学生は実習園の保育者同士の仲が良い、悪いもよく見ている。組織活動では仲の良いことと仕事の協力とは別である。実習体験の後で「あの園の先生はよく喧嘩をしている」と報告する。保育者同士の人間関係が良い園でないと就職したがらない風潮がある。

採用試験の時に、課題を与えてグループ討議をさせて、人前で自分の意見を言うことができ、相手の意見を聞き、考えて自分の意見を主張できる人を採用したいというところが増えている。S県の市町村の公立保育所の採用試験では、環境問題や保育課題のテーマでグループ討論をさせている。四大生はゼミのトレーニングの成果もあるのか、ディスカッションができると評価される傾向がある。保育士として保育課題を明確化する力とそれを相手にうまく伝えられる力は、重要なことである。

人間力、専門性、アイディンティティ

子育てに関わる専門的な職員としてどうあるべきかというときに、人間の豊かさ、包容力、柔軟性など基礎的な人としての力がまず求められる。しかし、その上に保育士として備えるべきものがあり、それは、各教科などの専門知識・技術を学ぶことを通して形成されていく。さらに全体として、保育士としての価値やイメージ、アイデンティティをどう認識し、創っていくのか。どのように描いていくか（本当はそれが基本で、各教科をつなぐものになると思う）。「保育士の専門知識・技術に対する心」と言ってもよい。

授業では、「福祉職」ということにいつも言及している。福祉とは何か、教育職と両方取得できるときに、保育の歴史のなかで教育職の方が上のように思われている。まず、幼稚園実習で幼稚園のイメージを作る、自分は幼稚園を希望していたが、保育園に就職したいと希望する学生がいる。福祉職の本質は、相手のことを考え、理解し、必要な対処ができるということにある。自分の服装も身だしなみも保育者らしさが必要である。保護者が自分をどのように感じていくか、信頼関係をどう築いていくか。受け身的かもしれないが、相手にどのように合わせるか、自分が先にあるのではなく、子どもや保護者の側に立って、保育士は福祉職としてどうあるべきかを考え、養成校で、また保育現場で日々訓練されていくのだと言える。

B短大では、約七割の学生が保育園に就職する。その理由は「ピアノが弾けない」という消極的立場もあるが、「一人で担任をもつのは責任が重いが、保育園だったら複数担任が多いので心強い」「乳児が好きだから、乳児保育をやりたい」「仕事をもちながら子育てをしている親を応援したい」など、である。養成校としては、「一年間は辞めないで、努力してね」と送り出す。保育現場では一年間は温かく見守り、保育士として育ててやって欲し

い、そして新人に「保育をする喜び」を感じとれる実践を体験させて欲しいと願っている。

また、学生のなかには「保育園の実習はつまらない。幼稚園の実習の方が面白い」いう者がいる。幼稚園は子どもの年齢が高く、保育時間も短い。「本日の保育は、子どもに○○を育てるために、△△の活動をする」などと「何を、どのようにするのか」が分かりやすい。保育園の特色は、経験の浅い学生、すぐ保育効果を求める学生には分かりにくい。保育園の長時間保育のなかで、子どもの生活を護り、その育ちを援助し、親の就労を支えている保育であることを理解していない。

ある雑誌の編集で、保育士たちが日々の保育のしんどさがつのり、ストレスが溜まっている。否定的話題ばかりでなく、「保育園の保育のどこに喜びを感じるか」という特集を考えようという提案がされた。子どもが保育の喜びを与えてくれると思う。

これから、公立保育所の民間委託化の進む中で、公立と私立の役割分担の明確化が必要だと思う。公立の保育は多機能化し、虐待児や重度障害児の受け入れなど、私立保育園では実践しにくい福祉的任務を抱えている。公立保育所は地域のボーダーラインの生活者の保育ニーズを受け入れ、努力しているが、それに対する適切な労働条件、保育士の加配、補助金、研修権もカットされ、さらに新採用がないので、若い後継者もいない。公立保育所のなかには、働く喜びが持てず、ストレスばかりたまり、保育の喜びが感じられない現場になっていることがあり、早急に改善されなければならないと考える。

（文責：福岡貞子）

補録2　座談会・望ましい保育所像・望ましい保育者像について

（二〇〇七年一二月一六日）

プロローグ

野澤　一九九七（平成九）年、児童福祉法が改正され、保育士の業務がそれまで子どもの保育に限られていたのですが、保護者支援にまで拡大されました。さらに地域の子育て支援にも保育に支障のない限り携わることが求められました。そのために二〇〇四（平成一六）年度から保育士の養成のカリキュラムに家族援助論が加わりました。また二〇〇六（平成一八）年六月に「認定こども園」が制度化され、二〇〇七（平成一九）年八月現在、百五カ所開設されています。加えて教育基本法が二〇〇六（平成一八）年に改正された結果、「幼稚園教育要領」の改訂が進められています。それに伴い二〇〇七（平成一九）年八月に「保育所保育指針」改定案（中間報告）が出され、「認定こども園」との関係で、指針の告示化、大綱化が図られており、そろそろ最終報告が出される時期となっています。一方、二〇〇七（平成一九）年一〇月には政府の規制改革会議から「準保育士」構想が発表されました。

これらの要素は、これからの保育所に大きな影響を与えていくと思われます。

以上のような動きの背景には、家族や地域の変化、とりわけ家庭の養育機能の弱体化への危機意識が共通してみられます。そうした中で、保育所に何が期待されているのかというと、三歳未満児の保育であり、現在の家庭や地域に期待できない機能を保育所が担うという方向性がうかがえます。

「準保育士」構想は、子育て経験者に二カ月ほどの養成で準保育士資格を与え、保育に従事してもらうというもので、そのねらいは、一つには、保育士不足の解消が、他には、保育士養成制度の規制緩和で、現在、高卒で三年程度の実務経験を資格として保育士になる道（国家試験による）がありますが、資格がないと実務経験も積めない、こういう状況を打破して雇用への道を開きたいとのねらいもあるようです。

こうした状況のなかで、将来の保育所像とそれに伴う望ましい保育士像はどうあるべきかを考えていく必要があります。望ましい保育者像は、まだまだ不透明な部分が多いのですが、これからの保育所の方向性を見極めつつ出されていくことが求められます。

アプローチの方法として、いくつかの観点、例えば保育所については「認定こども園」や幼稚園との関係でどう位置付けられているのか、少なくとも幼稚園が対象外とする三歳未満児については保育所が担わないといけないのではということがあります。また保育所の機能を現在保育士を中心に担っていますが、保育士以外の職種、例えばソーシャルワーカーを配置すべきではないかなどの問題が出されています。保育士については、養成課程、養成制度、資格の問題のほかに業務内容としての専門性等の問題があります。私たちは、昨年二月にも「望ましい保育者像について」語り合いました。それは、養成校の立場から保育学生の実態をふまえて職業人として最低必要な能力をもった保育士像を想定し、それに近づけるためにどう教育しているかという内容でした。この座談会では、もう一つ将来の保育所の有様《ありよう》を見据えたときの保育士の望ましい姿について、意見を出していただければと思います。今の段階でどのように考えられるでしょうか。

なぜ今保育士像か

待井　望ましい保育士像について、この前は、人とのコミュニケーション能力や生活技術をきちんともっていることが大切だとかを話し合ったわけです。それらは保育の専門性の基礎としての人間像が中心でしたね。それはどんな時代にあっても大切だと思うのですが、今考えられることは、保育士像は保育所のあり方と無関係にはいかないと思うのです。やっぱり資格問題と対応していかないといけないと思う。保育所像がはっきりしていない時にどこまで言えるかということもありますけれど、それはともかくとして、これからの保育士の役割が、ケアワークと、ソーシャルワークと、教育の三本立てになっているでしょ。このままずっとそれでいいのかどうか。保育士に、子育て支援ができる専門性を期待するのかどうか。子育て支援にはソーシャルワークが入ってくる。保育士にそれを期待することは、時間的にも労力的にも養成カリキュラム的にも無理ではないか、つまり、一人の保育士に保育もソーシャルワークもすべてを求めることはできないのでは、と今いわれているでしょ。みなさんはそのことをどう思われますか。

実際にやっていて、三本柱を引き受けてもっとやらなければいけないというのか、それで本当にやれるというのか、やってみて自分たちの限界がどこにあるのか、保育士のほかに他の専門職であるソーシャルワーカーを配置していった方がよいのかどうか、ですね。

現実の保育所問題

磯沢　まず「準保育士」の問題と関連すると思うんですが、保育士が不足していると言われるが、養成数が足りないことはないですよね。保育所が多機能化していく中で、最低基準はそのままで、補助金、給料がどんどん切り下げられ、きびしい労働条件を強いられている現実がある。保育士は、いいとこ二～三年で回転していく。回転していくから保育所は赤字を出さないでいけているという状況のなかで生じる保育士不足だ。「保育所保育指針」改定の背景についての記述のなかに、保育士が生きがいを求めていける職場にしていくことがうたわれていたが、現実は切り捨てられつつある。改善には、これからの子どもたちを育てる抜本的な手厚い対策が必要です。「保育所保育指針」の告示化により保育所が幼稚園に並んだとしても、幼稚園は人的にも物的にもゆとりのある中で教育が行われている。保育所は、待機児童の解消で、最低基準を割っている。「準保育士」が育児サークルや子育て支援センターで補助的に活躍するのはいいが、保育士不足を補うために資格として「準保育士」を設けるというのは、教育と福祉の間の差別や格差を助長することにつながる。一層働き続けられない職場になることを意味している。

待井　その場合、未来像を考えると、三歳以上は幼稚園、三歳未満は保育所でという構想がある。そこに「準保育士」を入れることは賛成なのですか。

磯沢　養護と教育について、ある幼稚園研修で、ある大学の先生が、幼稚園は保育所の保育から養護をとったもの、これからは幼稚園も養護が必要だと発言された。そうあってほしいと思うんですが、しかし、格差が拡大する危機感は解消されない。制度的な問題があるとともに、保育内容においても外に向け説明・発信できる専門性が大切だと思う。そのために研修の確立が重要だと思う。厳しい条件のもとでも研修権を確立することにより、保育士が自ら質を高めていく努力が必要で、時間的、予算的措置が必要です。いま中学卒でも保育ができる準保育士というのはおかしい。

古橋　公立幼稚園では、ベテラン教員が新任を指導する体制があるが、保育所では研修は自己研鑽に任されている。そこに違いが出てくる。

藤本　これまでの「保育計画」に代わり「保育課程」という言葉が使われ、外見的には専門性が向上していくようでありながら、「準保育士」については、準看と正看のような感覚で身分制ができるので反対だという意見がある一方で、園長クラスは賛成だという。保育園の運営を考えたとき補助金カットのなかで、人手をふやせる、助かるという。

桑名　子育て支援は保育所だからやれるということで、保育所は力を入れてきたが、「保育所保育指針」改定では、保育士ではなく子育て支援の専門家がやったほうがよいという風に、トーンが変わってきているような気がする。

森本　保育というのは、育児経験さえあれば保育に適性があるというのは引っかかる。女性であれば、あえて専門性がなくてよいという議論がかつてあったが、その時点に戻った感じがある。保育士養成の大学院も作る、四年制もあるという中で、高学歴をもつ人を上位にランク付けし、母親には子育て力は期待しない、少子社会であり、みんな外へ働きに出なさい、出て行くことで税金を納めてくれたらよい、後は、高度な知識と技術をもつ人が育てていくほうがよい。親教育を担当していける人、子育てができる人、子育ての手伝いをする人、という風にランク付けして考えているのかなと想像してしまう。

福岡　「準保育士」は保育士資格とは言えない。助手や協力者として保育士配置基準の枠外に位置付けてくれるならいいが、このままだと保育士の一員にカウントされてしまう危険性がある。ベビーシッターが二週間程の研修で取得でき、毎年継続的な現任研修があるのに対し、それより低いレベルが想定されている。

森本　「保育計画」から「保育課程」に変わるということが確定しましたね。ということは、これまでは養護と教育を一体と捉えてきたけれど、「課程」が入った段階ですでに教育が突出せざるを得ない状態になってしまうことを意味する。高い学歴をもった保育士が幼稚園教育と同じレベルで教育を行う。三歳未満児の保育は今までどおり。保育士の子育て支援は在園児の保護者が対象、地域の在宅児の子育て支援には、手が足りず、助手的役割で「準保育士」を、というなら理解できるが。

礒沢　それなら初めから「準保育士」は助手的役割だと明確にすべきだ。

福岡　医療機関では、準看がすることははっきりしている。保育所の場合、それが明確にされていない。

宮里　対象はシニア世代（子育て経験者）の活用だ。保育士不足が理由ということは、保育士の代わりをさせることは明白だ。基本的に「準保育士」という資格を作ると保育士資格の全体の質は下がると思う。

養成校の幼稚園・保育所への応募状況等

礒沢　近年では、六月頃から保育園、幼稚園からの求人が年間五百件ぐらいあるが、百件ぐらいは応募する学生がいない。その意味では保育士不足と言える。その場合、園はハローワークに人を求め、パートで活用する。幼稚園への応募が少ない。なぜ行かないのか。幼稚園は、一人担任なので嫌だと言う。今の学生の多くは保育士の仕事を一生の仕事とは思っていない人が多い。

古橋　最近の傾向として、採用形態も一年契約の嘱託か非常勤が多くなっている。幼稚園も、勤務時間が一般的に長い。

宮里　しっかり休みがあるからと言うので、幼稚園への応募が多い養成校もある。一方、幼稚園側は、簡単に一年、二年で切っていく。園にもよるが、現場のなかで育てていこうという気持ちがない。

福岡　新採用の保育士側も気に入らないことがあるとすぐやめてしまう。そのことで養成校も苦慮している。

礒沢　幼稚園も保育所も、保育者の約半数が嘱託雇用というところが増えている。平均三年で退職してもらう、結婚したらやめてもらう、人件費を安くし赤字が出なければいいという状態で、実績の積み上げが無い状態でよいのでしょうか。子どもを育てることがどういうことかが完全に抜け落ちている。行政も監査指導をしっかり実施してほしい。

保育者の業務と保育士の専門性について

野澤　これまでの議論では資格としての「準保育士」構想には否定的な意見が多いですね。しかし保育士の専門性が確立しそれが生かせるしくみがきちんとしていれば、引きずり下ろされないで、プラスになる面もあるのでは…。生活には多様な側面があり、「準保育士」を保育士の補助をする人と位置付ければ保育士が助かる面もあると思う。また、保育所に今期待されることは、地域社会が担ってきた機能を含んでいる。何気なく話をしていく人があってもいい。地域にこれまであった井戸端会議やいろいろな人との出会いの場として、あるいは気軽に相談できるなどの多機能を保育所に求めるなら、ソーシャルワーカーや準保育士やボランティアなどいろいろな人がいてもいいことになる。保育士だけが養育環境を作っているのではない、保育士だけが育てているのでもない。子育ては地域の力を結集しなければいけないという面がある。しかし、保育という環境を構成する際の役割分担の中心には保育士がいなければならない。その意味で、保育士は、本来、何をする人かがしっかりしていないと、保育所は専門性の要らない場になってしまう。

森本　保育士の専門性といっても、現実にはどういう形か曖昧だ。保育士の子育て支援といっても、今の段階ではソーシャルワークという言葉は使わない。せいぜい共感、受容のレベルだ。あとは他機関との連携ということになる。経営者は、若い保育士が、定着すると思っていないわけでしょ。だから経験が蓄積されない。誰が子育て支援をするかというと原理は不要で育児経験者にさせるという発想でしょ。準保育士は、三歳未満児と元気に遊んでくれたらいい、という考えではないか。

宮里　現在、保育士の専門性とは何かを理論的に説明できていない問題があると思う。ケアは、歴史的に考えると、誰でもできるし、一般的なものだ。だから欧米でもケアワーカーはそれほど専門性の高い資格と考えられてこなかったし、今でもそんな部分は残っている。しかし養成機関があり、必要な専門的ケアはあるはずだ。ケアはもともとは家族が自分の身内を世話することだったが、専門的ケアは、一つは、自分の家族や身内ではない他人を対象にするということのなかにあるのではと考えている。里親も、自分の子どもではない子どもを育てる難しさがある。自分の子どもでないからこそ教えることができる部分もある。二つには、集団性という点で、集団のケアには、集団ならではのコントロールの問題など専門的観点が必ず必要になってくる。さらに、保育にプラスアルファの専門性、つまり保護者対応が入ってきている。これは身内のケアでは絶対できない。以上の三点が専門性の内容だと思っています。すでに保育学のなかで、ケアの中身について整理されつつあるのではないか。将来の保育所を語るのであれば今現在の課題とか、ケアの専門性にふれなければ語ったことにならない。

野澤　保育士の専門性を考えるとき、保育が、家庭という親密環境での育児ケアとどこがどう違うのか、その方法や技術の相違や共通点を明らかにするとともに、家庭育児と保育がそれぞれにもつ個別の機能について認識し、同時に両者の関連性や協働について認識する必要があると思う。

保育は育児ケアの社会化されたものとしての養護（social care）と教育であると言われている。保育所は子どもが自分で活用できる環境や集団のなかでの育ち合いのできる環境を保障することに力をつくしている。それは保育士の専門性の重要な要素だと思う。一方、養護という要素がある。子どもたちは、本来、しっかりした生活の枠組みのなかで、初めて自分を思いっきり解放し、また見通しをもって生きていけるのだが、現在は、自分を支えてくれるべき家庭の生活の枠組みが揺れている。親の生活にひきずられ、就寝時間が深夜近くなる、親子の夜遊びが見られる、など生活リズムが乱れ、また十分な親子の接触時間がない、あるいは、ひとり親家庭が増加する等々で、生活の枠組みが不確かなものとなってきている。乳幼児は枠組みの不確かさのなかで生きているので当然不安定になる。そうした不安におびえる乳幼児の命と心と生活をどう守り支えていくのかということ、それが養護の課題だと思う。私は保育士の仕事の核がここにあると思います。三歳未満は、人生初期の、人間の基礎を形成する時期です。子どもの健康、とくに情緒的健康の基礎が、本来は親からの十分なケアを受けることをベースとしてはぐくまれていく時期に当たります。子どもの心育ては基本的に親密集団としての家庭の養育によって行われるものであることから、保育士の養護は、親子関係を支え、子育てを共にするパートナーシップの関係のなかで実施されていくべきもので、保育所だけでできるものではないと思う。これらの意味で保育士の家族との連携や家族支援が不可欠と言える。この場合、保育士の家族支援はどこまでも保育という業務のなかでの子どもの健全育成を目的とした範囲内においてのものとなり、それ以上にはいかないと思う。この点に保育士の専門性が求められていると思います。

三歳児未満の保育の大切さ

待井　私は、最初にも言ったように、望ましい保育士像は、資格というものと関連付けて考えなければいけないし、仕事の種類と関連付けないと…と思うんですね。「認定こども園」の構想段階の議論や実際の法律や規定から読み取れるのだけれど、教育制度のなかに未来像として取り入れられているのは、三、四、五歳で、四時間は幼稚園児も保育園児も教育の時間としている。保育所は、養護と教育が一体だとこれまで捉えてきたが、教育時間を四時間とし、四時間を教育中心で考える方向が出されている。その時間帯は幼免を持っている保育士か幼稚園教諭で受け持ち、三歳以下については主として、保育所が受け持つということになり、三歳未満児保育は、保育士が行うということになる。そこで、三歳未満のところで、保育士の専門性について考えてみることが必要ではないか。

私は、三歳児未満の保育の意義や重要性をもっと認識していかなくてはと思うのです。三歳児神話は根拠がない、崩れたと言ってしまわないで、三歳未満が大事だという認識を深めていってほしい。そこをどう充実させていくかが考えられねばならないと思います。三歳未満児は誰が育ててもいいということにはならない。親が最も深く関わるべき時期なので、保育士がパートナーとして親の育児を支援することは、すごく大切なことだと思うのです。

野澤　三歳未満児の保育は、命と心と生活を守る丁寧な養護（ケア）を通して基本的な生活の自立と情緒的健康の基盤形成を課題としていると思う。情緒的健康の形成は親、家族が深く関わっていることは保育士なら誰もが経験的に感じていることでしょう。養護は、子どもを愛してその愛の表現として行うもので、ケアを通じて愛を伝えるということですよね。それゆえ保育士は家族との協働が不可欠なのです。この情緒的健康は、子どもの一生に関わる問題であり、人間として育つための道徳的基盤形成を実践しているのだと思う。もちろん情緒的健康と身体的健康はつながっています。つまり三歳未満児の保育は、人間形成の基礎を育てる営みであり、三歳未満児の保育はこの意味で、格別に重要なんです。もし、この期の保育が軽視されるなら、いま問題になっている情緒不安定や集中力を維持できないなどの、文部科学省で言う「問題を抱えた子ども」を増加させるのではと思う。

待井　同感です。その意味で、三歳未満児の保育には、専門性など要らないという意見には賛成できないですね。むしろ確かな専門性が必要であり、三歳未満児の保育に従事することに、保育士は意欲と誇りをもってほしいと思うのね。

福岡　精神や心を安定させる養護が充実しないと、小学校でも、勉学にも身が入らないし、学力も上がらない。

よい保育所保育とは

礒沢　「保育所保育指針」改定案（中間報告）には園長の役割が出ていたが、将来の保育所のあり方は園長の責任にかかっている。その場合、法人そのものが保育をどう捉えているかを厳しく精査されていく必要がある。第三者評価もあるが、それは書類だけが整っていたら評価されるのが現状だ。日々の保育のなかで本当に子どもが大切にされているか、「命と心と生活を守る」という基本的な点が大切だ。

野澤　評価の問題で言えば、評価項目が達成されているから、よい保育をしているということにはならないと思う。保護者と子どもと保育士・保育所、地域がお互いに信頼関係を築きながら、子育てにどうかかわってどんな保育を創ろうとしているのか、みんなで協働していく状態が生み出されようとしているかが大切だ。すべて満点で何でもサービスしますよというのはおかしい。何でもしてあげますよというのは、親の養育能力を奪うことになる。

福岡　子どもたちの意欲が高められているのか、子どもが落ち着いて主体的な取り組みができているのかどうかという点も、よい保育のための大切な眼の付け所でしょうね。また、保育実践を通して保育士の能力が開発されていっているかなども、評価の視点になってほしい。

今、保育現場で、保育・指導計画作成のためのソフトが使われだしている。計画作成の理論や手順を知らなくても、指導計画ができ上がっていく。考えなくていい保育が始まっている。もっとも現場は考える余裕や自分たちで作る時間など無くなってきているのだけれど…。

野澤　ソフトを使うメリットは、評価項目や記録内容を統一してどの保育所も保育を捉えるポイントを共有することにある。いわば保育水準の標準化にあると思う。しかし保育士が、情報に依存して目の前の子どもの実態を見ないということになれば問題ですね。ソフトの使い方、活用の仕方の問題かもしれない。保育士の能力や専門性の観点から、問題を整理することが必要ですね。

保育所の開放性について

野澤　これまで出されてきているのは、一つは「準保育士」の問題、他には常勤が少なくなり補助金や給料が切り下げられてきているという問題ですね。その状況は、福祉の世界では多かれ少なかれ広がっており、いきなり正規の職員は採らないということが一般化してきている。

待井　「準保育士」は、役割分担がしっかりしておれば、保育の要員として位置付けられるのではと思うのね。ある保育所の実践で給食時の人手不足を補うために婦人会の会員に入ってもらって一対一で食事を介助し、昼寝でとんとんして眠りつくまで、さらには睡眠中、めざめ、身支度などをボランティアが見守る。それで子どもは落ち着くし保育士は会議や研修ができる。また、意識的に地域全体で関わらなくてはという観点で見ると、これからの方向性のなかに「準保育士」を位置付けることもできると思うのだけれど……。

野澤　さらに保育士として直接向き合わなければならない問題がある。現在、子どもも保護者も変化してきている。子どもの集中力や落ち着きのなさ、苦情の多い保護者などの問題に対して、今の養成制度で養成された保育士で対応しきれるのか、ということについて、皆さんのお考えはいかがですか。子どもの健全育成や親指導など保育所に期待されていることと実態との開きの大きさに対し、このままの保育士養成でいけるのか。あるいは保育士だけでうまく解決できているのだろうか、その辺では問題はないですか。カウンセリングの専門家を入れるべきか。ソーシャルワーカーを入れるべきか。現在、学校でも入所型児童福祉施設においても心理職が配置されている。被虐待児や不登校児など問題を抱えた児童への対応では、文部科学省も、スクールソーシャルワーカーの配置を試験的に実施しているし、自治体ではすでに配置しているところもあります。また子どもと遊んだり相談にのったりするスクールサポーターも学校に配置されてきている。そういう方向性を見るとき、将来の保育所・保育士像はいかがですか。

古橋　今の保育士では十分対応できないと思う。保護者の意向を受けとめるとか保育サービスという言葉で、保護者の言うとおりにしなくちゃいけないとか、保護者への遠慮もあり、息苦しくなってきているのは確かだ。目先に次々起こることに追われ、物事を整理する時間もなく、研修・訓練もできていない。

礒沢　今、野澤先生が言われたような子どもの問題について、養成校では基本的な知識は伝えるが、それを実際に学ぶのは現場に入ってからだ。問題を抱えている子どもや親を目の前にして向き合った時に園長や主任保育士あるいは外部からのスーパーバイザーによるスーパービジョンを受け、あるいは園内事例検討会、現任研修を受けるなどによって保育士は育っていく。保育士は、これまでこうして力をつけ、専門性を高めてきた。

宮里　保護者の意向や受容について、もう少し議論すべきところだと思う。私は「家族援助論」や「援助技術」を教えるときに、相手の話を最初の訴えと本当のニーズに分けて考えることが大切だと言っているんですね。このことは今の若い世代は養成課程のなかで教えられていることだと思う。単に保護者が言ったことをそのまま受けとめるという浅い理解ではなく、そう言ってくるのはなぜなのか、なぜこういう風に言ってくるのかということを理解でき、考えることのできる専門性が必要だ。

古橋　子育て支援で親とともに取り組むとき、「先生はお給料もらっているのだから要求に応じてほしい」という保護者には、「親がその役割を果たさないと子どもは育たない」と説明できることが大切だ。

森本　保育士には、ソーシャルワークの視点が必要だし、機関との連携では、そのプロセスが明確にされていて、どのプロセスでどう連携してどういう役割と責任をもつかが自覚されていることが必要だ。経験知だけでは、どういう情報を集め、どう説明するかに自信がないという点につながる。私は、「援助技術」では、相手の存在や意見を尊重しつつ自己主張していくコミュニケーションの方法としてのアサーティブということで説明している。また保護者や他機関にきちんと伝えるために情報をつかむ、「聴く」ということが重要だ。ある園長先生にお聞きしますと、どこまでも聞き続けることで、本来求めているものが見えてくる。怒鳴ったり腹を立てている保護者とも仲良くなる。軽はずみに軽く捉えてしまうと分かったふりをしてしまい間違う。何時間でも納得して話尽きるまで聞くということ。家族や親が自分が主体になって自分で解決していけるようになるまで聞く。そうすると大体、仲良くなるという。受容、共感を軽く捉えると、退いてしまい、保護者をお客様にしてしまう。なんでも聞き入れていくことになりかねない。

福岡　「受けとめる」とは、そういうことをあらわしているんですね。なんでも聞き入れるということではない。

礒沢　保育所では所内で自己完結したり自己解決するというのは難しくなっている。しかし、伝統的に保育所では所長も他の職種や機関につながることに消極的ですね。

宮里　私の経験では、専門性をどれだけ意識しているかで園の質は分かれる。質の高い園は、開放的で、話が通じやすいし、専門性の意識の高さがある。また他の専門機関に対し対等に付き合い、こういう保育をしていると説明できる。一方、質が低い園では、閉鎖的で、専門的な介入が難しい。説明できないし、話が通じない。

磯沢　授業のなかでは、保育士の限界を超えるときは、他機関につなぐ、そのためにしっかり学校で教えても、園長が外へ出すことが恥だという意識をもっていると難しい。虐待があることは恥ずかしいと思っていたりする。自分だけの責任ではないのに。

森本　今回の「保育所保育指針」のなかで、かなりのウエイトで組織が責任をもつ、園長が責任をもつ。組織で保育することが保育だというのがあり、告示化で最低基準と位置付けられたことと、改善への第三者評価を促すことで、改善に向け循環性をもっていくように感じられる。閉鎖的であることができない。

宮里　園長に責任を負わせて、結局は自己責任の方向ではないのか。国や自治体の責任を抜きにして園長の責任ということに終わる可能性がある。

森本　いじめ問題はたくさん出ていることが恥ずかしいことではないという教育長が出てきたことは、いじめが少ないことが評価されることではなく、実態に添って対応しようとする流れに変えようとする動きだ。隠し通せない状況が生まれてきたということで、ますます中身が問われる時代になってきたことを知らしめている。今までの流れと変わってくるかなという感じがある。

福岡　保育所の自己評価や第三者評価を活用することで保育を高める必要がある。

待井　これからの望ましい保育所像を考えるとき、地域全体で子育てする中で、その中心に保育所がある。高齢者も若者も、ボランティアも、企業も、行政も、家族を支援し、子育てを支援していくことが求められている。地域をつなぎ地域を育てていく保育所であることが期待される。そのためには、保育所をオープンにしていくことだと思うんですね。

複数の職種がそれぞれ専門性を深めながら同じ目的に向かって連携していくこと。そのシステムやスキルを身につけていくことが求められると思いますね。

野澤　全体に開放性と厳しさが求められていると言える。保育士の専門性で一番問われていることは保護者に説明できること。説明責任をもつことだ。それが他機関と連携できることにもなる。また保育所全体が一つの組織として一人の子どもをしっかり育てていく。組織全体が責任をもつということで、保育士の個人責任もあるが、一人の保育士の失敗が決定的にはならないしくみ、子どもも保育士も、保護者も、地域も支えあうということが出てくる。園長の責任もあるが、組織としてあるいは養育環境全体として、子どもが育つ環境をどう創っていくのかが問われている。そこでの重要なものとしてもちろん職員のチームワークが含まれる。それは安心できる環境というとき大切だし、保育士の専門性も含めて、今後の保育所が厳しく問われている。そして保育所だけで全部解決するのでなく開かれた保育所として、他機関、地域、家庭と連携が求められている。

森本　地域づくりの視点が入ってきているのでは…。だから役割分担や専門分化する方向が出てくる。ソーシャルワーカーと保育士、子どもと遊ぶ人などだ。

所長資格の制度化

野澤　何もかも保育所に期待され過ぎている面は気になる点だ。家庭も地域もなんでも保育所に期待し過ぎていることは問題だと思う。とくに親がやるべきことは親に戻さないとますます親機能は弱体化する。

森本　今は保育所に期待する以外ほかに頼るところがないですよ。地域にずっと根を下ろして子育ての歴史をつくってきたのは保育所だけだから。

藤本　保育所の所長・主任には、より高い専門性が必要だ。そうでないと保育士をリードできない。

古橋　保育所の所長になるための資格が必要だ。現在は二年間保育に関わっていたからそれでいい、というのが現状だ。

野澤　所長は、保育実施の事業体としての保育所という組織を、円滑に運営していく責任をもっている。したがって所長は主として管理およびマネージメントの役割を、主任保育士は管理職と現場保育士の中間にあって、スーパービジョンやコーディネートの役割が課せられる。所長・主任保育士は、それぞれの役割を果たす上で、十分な保育経験と、ソーシャルワークの知識・技術をもっている人であってほしいですね。それがないとコーディネーターやスーパーバイザーにはなりにくい。いずれにしても保育所所長の資格化が必要ですね。幼稚園園長は資格が制度化されているということもあるので…。また主任保育士になるための研修制度の確立が必要ですね。

保育士の資格拡充か、ソーシャルワーカーの配置か

待井　自分たちの資格は本当に保育士だけでよかったのか……。

野澤　それは、ソーシャルワークを保育士資格のなかに入れるか、保育所にソーシャルワーカーをおくかということですね。

待井　それに子育て支援には、家庭と地域の充実ということがあるわけね。子育て支援のなかの親指導とか家庭指導ですね。ただ支援するだけでなく、親のエンパワー、地域力のレベルアップをはからなければならない。それまでも保育士の専門性に入れ込ことが可能なのか。社会福祉士の国家試験受験資格取得には四年をかけるわけでしょ。それなのに保育士がソーシャルワークを専門的に担うとなると、保育士養成課程では無理だということになる。そこで私は二つのことを考えたいと思う。一つは、野澤先生が言われた「保育士の家族支援はどこまでも保育という業務の子どもの健全育成を目的とした範囲内におくこととなり、それ以上にはならないと思う」ということを原則にすべきであるということです。いま一つはそれを超える問題についてはソーシャルワーカーをおくか、他機関との連携をめざすべきだと思う。

これまでずっと保育所というのは子どもを健全育成するところ、子どもの施設であるということできたわけでしょ。それが子どもだけではいかなくなって、児童福祉法の改正によって、親の相談に応じることが役割になってきたわけね。そのために養成カリキュラムに家族援助論も入ってきた。だけど、保育所の機能は子どもの健全育成が中心であるという点は変わらないでしょ。難しい家族が増えてきて時間、労力を家族援助にかけなければならない時代になってきて、それに力点がおかれると、子どもに直接かかわる健全育成は二の次になり、それでよいのかという問題がでてくる。

宮里　私は、これまでも言ってきたが、保育士だけでは対応は無理だと思う。ただ保育士は家族というものを子どもの背景として、どのように理解するのかということが今まで足りなかったと思う。自分たちの所内のケアだけしか目がいってなかったので、その背景に、家族がどのように子どもに影響を与えているのかについて、自分のケアのなかで、意識が及ばなかった。

待井　保育士が今まで考えていた健全育成の、子どもに大きな視点を寄せていた時代から、その背景にまで及ばなくっちゃいけない時代になったということね。

宮里　これまで家族は切り離された存在だった。保育のなかの生活概念はせまく、保育所だけの生活概念なんですね。子どもは家族から影響を受けているにもかかわらず、そこを切り離して自分たちがどうケアするのか、そこにしか話がいかなかったように思う。

保育士と話していると、背景としての家族への想像力が弱く、子どもと自分との関わりしかない保育士がいる。子どもは家族から大きな影響を受けているのに、保育所内でどうするかという視点のみで、家族と切り離して捉えている。

保育士は家族の背景はこういうものだろうと子どもを通して理解し、子どもの背景が見えている。保育士の専門性として必要なことだと思う。それがあるとほかの家族の専門家と連携していける。

古橋　これまでも一日二十四時間を視野に入れてというのは常識だった。

宮里　しかし、それもやはり子ども中心なんですよ。子どもがいかに生活しているかということは考えられてきたが、母親や父親への視点は弱い。親の生活がどうなのかなどの…。

待井　子どもだけが対象だった、ということね。保育士は、子どもの健全育成のためには、家族への視点を中身としてもっていく必要があるということね。養成科目に、家族理解、地域理解に関するものを入れ、それを保育士が質的・専門的に身につけるとして、それでも他機関との連携というだけでは思うようにうまくいかないのではないか。他機関との連携というとき、その間に中間的に入るコーディネーターの役割をするソーシャルワーカーを入れる必要があると思う。中間的に関わる職種がいると思うの。その点はどうですか。

宮里　保育所の全部が全部に必要とは思わないが、ケースによっては入れるべきときがあるだろうと思う。ただ他の児童福祉施設も今まではそうだった。児童養護施設でも、子どもの家族とか背景を考えずに、これまで施設の養護をいかにするかというだけで考えてきた。家族の面会を制限し、所内の集団、秩序をいかに保つかだけを考えてきた。そこに今はファミリーソーシャルワーカー（「家族支援専門相談員」）や心理職（「心理療法を担当する職員」）が入ってきているのが現実、児童養護施設と比べて、通園施設の保育所がそこまで必要があるのかどうかは、なお追求する必要がある。

待井　いま所長、主任保育士もむずかしいケースの家族支援や連携に力をとられてしまって。保育所のことができなくなっている、と聞く。所長や主任は、スーパーバイザーの研修も十分ではないので、そこは他機関との連携が必要になる。また保育士も、今までの養成課程にはなかった家族援助論や社会福祉援助技術などのソーシャルワーク的な知識や方法を学習していますが、保育士が家族や地域を理解することができても、実際、親支援することは難しいのではないか。

今、自分が歩いてきた保育の道を振り返ってみると、かつては「保育所児は…こうだ、ああだ」と言われ批判されることが多かった。親が仕事をもっている以上、保育所を利用しなくっちゃいけないでしょ。保育所が子どもにとってマイナスにならないように、家庭で育つ子どもと同じように豊かさとか柔軟性とかがもてるようにと、保育所生活の中身を高めることに力を入れてきたわけね。保育所育ちは優秀だ、という結果も出てきて…。そして保育所児童が決して劣っていないということに自負を抱いてきました。しかし家庭との信頼を築くことや家庭とか地域への視点が意識的でなかったと思う。

野澤　意識的でなかったというのは、逆に、実際には保護者と保育士の間には、十分な信頼関係があったということでもある。今は、それを意識せざるを得ない、信頼関係のない時代になったということですね。また、これまでの保育が家族への視野を十分もたなかったのは、それなりに家族や地域が健全性を維持していて、それを前提に保育されてきたからで、行動の背景を心配する必要がなかったということもあると思う。そのことの名残で、家族という子どもの背景に目がいっていないという現実があるのだと思う。しかし、今は、大きく変化してきている。家庭の枠組みがぐらぐらしてきている。

森本　保育士は、子どもの見方や地域、家族への視野はだんだん身につけてきている。

野澤　児童虐待防止法が出されて以降、子どもの行動の背景に目を向けられるようになってきたと思う。その傾向は深められてきていると思う。

待井　かつては保育所のモデルは家庭だった。家庭的対応だとか家庭的雰囲気だとか…。保育所は野澤先生のおっしゃるように一般家庭を信頼していた面もあった。

それ以前に、保育所は、幼い子どもを家庭から切り離して長時間保育してよいのか、みんなで心配していたわけです。それを心配ないと言ってしまうから問題だと思う。これからは、地域や親と手をつないで共育てをしていくということができていけばいいのだけれど。

野澤　家庭でできないことを保育所が全部こちらでやりますということは子どもから家庭を奪うことになる。その危険性を感じないといけない。

礒沢　大阪府内の市民の次世代育成支援行動計画の実態調査で、九〇%が「子育てはしんどいけれど楽しい」という結果が出ている。これは、健全な家庭の姿だと思う。子育ては楽しいけれどしんどいというのが当たり前。だから全体として健全だと考える。あと一〇%がグレイゾーンになっている。

福岡　ソーシャルワーカーを常駐させるのでなく、必要なときに連携するという形での配置の仕方があるのでは。

宮里　今は不十分だけど、今後は所長や主任にという考え方もある。そこを充実していけばよいのでは。所長資格にソーシャルワーカーの要素が加わるとよいと思う。

待井　実現の可能性があり効果的なのは所長や主任の資格に子育て支援やコーディネーターの能力を求めていくということですね。保育士は子ども中心にならざるを得ないので、子どもの行動の背景を常に考えていくのは所長や主任が受け持ち、家族支援を確実にしていくことが現実的な方法ですね。

福岡　家族支援のスーパーバイザーやコーディネーターの役割をする職種（ソーシャルワーカー）を入れることはだいぶ前からの待井先生の持論ですが、各保育所でもつのは難しい。数カ所単位のブロックでもつ方法があると思う。

待井　問題が起こったときの対応としてはそれでいいが、日常的にはどうでしょうか。保育所で所長、主任が適していると判断するのは、その子どもや家族のことが分かっているという面があるからでしょう。それでも追いつかない事態も出てくると思う。そうすれば、拠点方式でソーシャルワーカーを配置するというのが考えられる。

野澤　まずは所長資格にソーシャルワークの知識や技術を取り入れるという方向ですね。所長や主任保育士に社会福祉士資格を一律に課すことは非現実的だ。しかし、資格要件に一定の保育経験や修了証書を出す研修を受けることが必要ではないか。研修内容には、とくに子どもの発達障害や子どもの精神疾患、福祉の社会資源、制度に関する知識や対人援助技術、カウンセリングの手法などの基礎を習得できるような連続的で段階的な研修体制が都道府県レベルで確立していくことが必要だと思いますね。

また将来ソーシャルワーカーや心理職を保育所に入れるにしても日常的に子どもと付き合い、保育や子ども、家族のことが十分わかっていることが前提になりますね。

今日は、未来の保育所像・保育士像を語り合う中で、準保育士問題、現実の保育所問題、保育士の専門性、保育所の開放性等について語り合いました。保育士の仕事は日本の未来を育てる仕事でもあり、人と人をつなぎ、子どもと深く関わり、親も子も地域も共に育ちあう、その要《かなめ》をなしているように思います。長時間にわたりましたが、これで終わります。

（文責・野澤正子）

おわりに

親しいメンバーに励まされ、話し合いながら、学術的とは言えないまでも、私の経験した保育所保育の歩みを振り返り、これからのあり方にも及ぶことができ、読後に共感をさそう何かがあるかと思うが、臆面もなくプライベートなことをあれこれ書きつづったことには気怯れを禁じ得ない。

私は保育所保育の充実発展をひたすら望んでいる。その方向の一つは「保育所型の総合施設」になるのかもしれない。しかし、どのような制度が具現するとしても、戦後「新生日本」とともに創設され、厳しく困難な時代背景のなかで子どもを護り、健全育成と女性解放を担いつづけた保育所保育は、就学前保育のあるべき方向だと思う。四、五歳児は小学校の教育体系に組み込まれても、できれば三歳を含めて、年少幼児・乳児は保育所保育が望ましい。それは養護と教育の一体化であり、家庭と地域の協力による最善の利益の保障に他ならない。

長い間のさまざまなことをまとめることができたのは、野澤正子教授をはじめ「保育を語る会」のメンバーの真剣な、そして心温まる支援の力である。月一度、それぞれ多忙な日程を調整して、原則夕方から三時間、語り合ったことは貴重であり、楽しみでもあった。こんな機会に恵まれたことは身に余る幸せである。

本書にとりかかる前、そして書き続けながら、さらに書き終えてからは一層、もっともっと課題があったのにと、その欠落や考察力の不足に自責の思いを抱いている。幼稚園の百三十年の歴史に比べ、保育所の歩みはその

学生結婚生活みたい。はなはだ若くとれていて満足（夫の感想）

半分である。とかく「保育所育ちは……」とか、「保育所保育は……」といった批判が続く中で、関係者の懸命な努力の結果、保育所保育の充実・発展にはめざましいものがある。しかし「就学前乳幼児の保育はどうあるべきか」については、今なお未確立である。とくに年少幼児・乳児については国民の関心も弱い。今後追究すべき大きな課題だと思っている。

私は、満八十歳で公職は辞したが、それ以後もすべてを終わりにすることはできなかった。いよいよ限界を強く自覚している。夫は一九八九（平成元）年、満七十六歳で、自ら「停年宣言」をしてきっぱり引退した。八十七歳で死亡するまで自分の生涯を振り返り、『追憶の記（門外不出）』としてまとめたり、身辺処理に取り組んでいた。敗戦後、外地からの引き揚げなので、限られたものしか持ち帰れなかったのに、よくまあこんなものまでと思うほど資料を残していて、その見通しと選択には感服した。

夫は恐れ多いことながら、昭和天皇に面差しが似通っているらしく、非常勤講師として大学に関わると、いつの間にか〝天ちゃん〟というニックネームがついていた。そのせいか皇室びいきで関心が強く、皇室図鑑などを大切にしていたが、夫と私の叙勲で二度皇居に伺向した時は感激して満足気だった。そして「僕は昭和天皇から勲章をいただいたが、君は皇太子（即位前だったので）からだ」と差をつけて笑っていた。

夫が八十六歳で体調を崩した時、「高齢だから大きな手術は危険もあるが、症状を鎮静化する手術は可能だ」

という息子の説明で、後者を受け入れることになった。息子の診断を信じ、安堵している姿は穏やかだった。患部に直接必要な量の薬剤投与が順調に進み病状が安定して、約二カ月の自宅療養が許可されて、わが家に戻った時の嬉しそうな笑顔は実に印象深かった。いよいよ最後の入院をする朝、門を出るとき「僕の家、僕の庭…」とつぶやいたのにには思わず涙がこぼれた。

今回は、私の介護通院が大変だからと高槻市内に転院したが、昼間は娘と孫娘が、私は夜を担当した。昼間は比較的症状が落ちついて、孫は「おじいちゃんの青春時代の秘密の思い出を聞いた」などと得意だった。車椅子で院内を散策し、春の風情を楽しんだが、夜は不安定になり、とくに点滴を拒否して扱いがむずかしかった。そうしたある夜、「オーイ、若い者たちはここに集まってこいよ。楽しかったな」、そして「車の手配は大丈夫か」といつもの口調で私に指示して驚かされたが、「あっ、楽しい夢を見ているのだ」と、たった一夜のつかの間の現象だったが、私は嬉しかった。晩年「戦前、戦中、戦後といろいろなことがあったが、人と比べるのではなく、自分なりにいい人生を過ごすことができたと思う」と言っていたことと重ねて、私は深い感謝の思いを抱いた。

長男（隆志）と父親

夫の死は私の人生の最後の区切りだと思わずにはいられなかったが、もう別れて七年が過ぎた。喜びも悲しみも話し合い、苦楽を共にする相手がいないことの虚しさは言いようもない。

子どもや孫たちが夫につけたニックネームのなかで、「亭主関白最後の存在」と「暴君ネロ」が夫の特色をよく表している。「睡眠こそ健康のもと」と言うのが口ぐせで、子どもたちにも早寝をやかましく習慣付けたが、私が発熱しても薬や注射などより、「寝ろ」の一言が先行した。「もう、私寝る」と言うと、「そうか」と機嫌がよかったことが懐かしく思い出される。最近、「私はいつ、どんな形で、命の終わりを迎えるのだろうか」と考えることが多くなったような気がする。夫と同じく「いい人生を過ごしたこと」、また「たくさんの方たちから支えていただいたこと」に大きな幸せと深い感謝を抱いている。

とくに本書に関しては野澤正子、福岡貞子両氏の献身的な支えなくしてはできなかったと胸いっぱいである。不備な点が多く困難な編集・出版に積極的な援助、配慮を頂いたミネルヴァ書房関係者、特に編集部音田潔氏に心から感謝申し上げる。

〝未来を生きる子どもたちの幸せと、皆様のご健勝とご活躍を念じつつ〟

平成二〇年一月吉日

待井和江

四季折々に花を咲かせる高槻の庭

あとがき

二〇〇三（平成一五）年、待井先生から直接薫陶を受けたものが集まり、「待井和江先生と保育を語る会」を作り、ほぼ毎月、待井先生宅で会をもってきました。二〇〇四（平成一六）年、二〇〇五（平成一七）年、二〇〇六（平成一八）年は「認定こども園」の問題をテーマに日本保育学会で自主シンポジウムを連続して開催しました。二〇〇七（平成一九）年度になって当初のこの会の趣旨にもどり、毎回、待井先生の歩いてこられた道をたどることになりました。年代ごとに纏められたお話を聞き、意見を述べ

2005（平成17）年日本保育学会「自主シンポジューム」のメンバーとスタッフ

「保育を語る会」のメンバー

合ってきました。この語る会をきっかけにして、本書が刊行される運びとなったことは大きな喜びです。待井和江先生の大きさを実感し、先生から学んだものの豊かさ、大きさをかみしめています。

待井先生は、日本の保育の質的向上を目指し、保育士の成長を願って、保育士の現任研修のため、全国を歩いてこられました。本書は、待井先生の指導を受けられた全国の保育士の方々、またその著書『保育原理』や『乳児保育』で学ばれた方々、またこれから保育に従事しようとしている若い方々にぜひ読んでいただきたいと願っています。

二〇〇八（平成二〇）年七月には、待井和江先生は九十歳のお誕生日を迎えられます。本書が、待井先生の九十年の人生の記念碑となることは間違いありません。いま改めて待井先生への感謝の気持ちを込め、また今後のご健勝を祈念して、本書の出版を心から喜び合いたいと思います。

最後になりましたが、本書の刊行を、快く引き受けてくださいましたミネルヴァ書房及び担当編集の音田潔氏に心より感謝いたします。

平成二〇年三月吉日

待井先生と保育を語る会

磯沢　淳子（常磐会短期大学）　藤本　員子（大阪樟蔭女子大学）
桑名　惠子（千里金蘭大学）　古橋沙人子（滋賀女子短期大学）
高橋紀代香（神戸親和女子大学）　宮里　慶子（平安女学院短期大学）
西井　典子（大阪樟蔭女子大学）　森　宇多子（藤保育園・大阪大谷大学）
野澤　正子（千里金蘭大学）　森本　美絵（京都橘大学）
福岡　貞子（四條畷学園短期大学）

（アイウエオ順）

《著者紹介》

待井　和江（まちい・かずえ）

1918年生まれ。

奈良女子高等師範学校卒業。

府立大阪社会事業短期大学，四條畷学園女子短期大学，武庫川女子大学教授を歴任。

現　在　大阪社会事業短期大学名誉教授。

主　著　『保育小辞典』共編著；『保育原理』編；『保育実習・教育実習』共編著，以上ミネルヴァ書房；『保育所保育論』共著，大阪府社会福祉協議会；『子ども中心の保育実践』共著，ひかりのくに；『子どもの教育と福祉の事典』共著，建帛社；『わが国における保育の課題と展望』共著，世界文化社

私の歩んだ道
——保育所保育とともに56年——

2008年7月20日　初版第1刷発行　〈検印省略〉

定価はカバーに
表示しています

著　者　待　井　和　江
発行者　杉　田　啓　三
印刷者　坂　本　喜　杏

発行所　株式会社　ミネルヴァ書房
607-8494　京都市山科区日ノ岡堤谷町1
電話代表　(075)581-5191番
振替口座　01020-0-8076番

冨山房インターナショナル・新生製本

ISBN 978-4-623-05193-9
Printed in Japan